한 권으로 끝내는

받아쓰기

김수현 지음 · 전진희 그림

소리 내어 읽기 ▶ 분절해서 익히기 ▶ 빈칸 쓰기

3단계 메타인지 학습법!

카시오페아
Cassiopeia

기본에 충실한
메타인지 받아쓰기

안녕하세요. 초등 교사 김수현입니다. 학교 현장에서 아이들을 가르치던 중 우연한 기회로 초등 학부모님들을 위한 자녀 교육서를 출간한 후, 저는 교실에서, 또 강연장에서 많은 부모님들을 만났습니다. 그곳에서 제가 만난 많은 부모님들은 이제 막 '공부'를 시작한 아이들에게 어떻게 적절한 학습적 자극을 주어야 하고, 어떤 피드백으로 아이들의 학습에 추진력을 실어 줄 수 있을지 많이 고민하는 모습이었습니다. 저 역시 아이들을 키우는 엄마의 입장으로 함께 고민하고, 교실 속 아이들을 가르치며 연구했습니다. 그리고 한글을 막 배우기 시작한 유아~초등 1학년의 아이들에게는 어떤 학습 자극과 피드백이 필요한지에 집중했습니다.

그 결과 '한글 해독 능력의 신장'이 앞으로의 학습 로드맵을 펼치는 데 기본이 된다는 사실을 분명히 느낄 수 있었습니다. 한글을 처음 배우기 시작한 아이들에게 최고의 학습은 '모국어를 바르게 읽고 쓰는 능력'입니다. 우리는 여타의 다른 학습 자극을 과감히 가지치기하더라도 '모국어 학습'이라는 기본적인 내용만큼은 집중해야 할 필요가 있습니다. 한글 해독 능력 없이는 어떠한 공부 자극도 그 효율성을 기대하기는 어렵기 때문입니다. 언어적으로 빈곤한 아이는 수학 문제집

100권을 풀어도 그 노력이 헛수고일 뿐입니다. 반대로 한글을 바르게 습득하여 언어적으로 부유한 아이는 수학 문제집 한 권을 풀어도 그 노력이 몇 배로 빛나게 됩니다. 결국, 유아~초등 1학년 아이들에게 가장 중요한 학습은 바로 '한글'인 것이지요. 기본은 무조건 충실해야 합니다.

문제는 이렇게 중요한 '한글 교육'에 어떻게 접근할지에 대한 고민입니다. 무조건 많이 읽고, 무조건 많이 옮겨 쓰며, 무조건 많이 외워야만 하는 것일까요? 절대로 그렇지 않습니다. 우리는 '한글 공부'가 우리 아이들의 첫 학습이며 배움의 시작이라는 사실을 잊으면 안 됩니다. 그리고 아이들이 학습의 첫 단추를 즐겁게 뀈 수 있도록 도와주어야 합니다. 배우는 행위가 즐겁고 행복한 것이라는, 마음속 뿌듯함을 아이들이 스스로 느낄 수 있게 말이지요. 그래야 두 번째 단추도 기대감을 가지고 즐겁게 뀈 수 있을 테니까요.

"받아쓰기가 꼭 필요한가요?"
"받아쓰기는 지겹고 재미없고 아이들을 점수로 줄 세우는 도구 아닌가요?"
"아이들이 즐겁게 배우려면 받아쓰기는 오히려 지양되어야 하는 것 아닌가요?"

받아쓰기는 필요합니다. '표현 언어'의 시대입니다. 자기 생각을 말로 표현할 수 있어야 하고, 나아가 글로 표현할 수 있어야 합니다. 이것이 곧 토론이며, 논술입니다. 바른 맞춤법과 띄어쓰기는 좋은 글의 기본이며 글의 완성도를 높이는 초석입니다. 따라서 받아쓰기는 한글을 배우는 단계에서 탄탄히 다져 놓을 기본 소양이 됩니다.

그런데 받아쓰기 때문에 자녀가 받을 스트레스가 벌써 걱정이신가요? 받아쓰기를 위해 공책을 몇 바닥 꽉 채워서 옮겨 쓰게 할 생각에 겁이 나시나요? 그렇지만 분명히 말씀 드릴 수 있습니다. 즐겁고 재미있는 받아쓰기는 결코 불가능한 것이 아니라고 말이지요. 바로 '메타인지'를 활용한 받아쓰기 공부법을 실천하면 됩니다.

메타인지란?

내가 무엇을 알고 있는지를 알고 있는 것입니다. 반대로 내가 무엇을 모르고 있는지도 알고 있는 것입니다. 메타인지가 발달한 아이는 내가 '알고 있는' 지식을 바탕으로 '모르고 있는' 것을 탐구할 줄 압니다. 또 모르는 것은 주기적으로 반복해서 확인하는 활동을 통해 습득하려는 계획을 세울 줄도 압니다. 그리고 몰랐던 것을 알게 되었을 때 성취감을 즐길 줄 압니다.

그래서 매년 1학년 아이들과 교실에서 즐겁고 부담 없이 해 왔던 받아쓰기 공부 노하우를 이 책에 담아 공개합니다. 아이들은 하루 10분의 간단한 받아쓰기 공부로 대단한 성취감을 얻곤 했습니다. 받아쓰기 공부를 통해 얻은 것은 '한글 능력 신장'이 전부가 아니었습니다. 나도 할 수 있고, 재밌게 배우며 하루하루 노력하는 것이 얼마나 큰 성과를 낼 수 있는지에 대한 확신을 아이들은 배웠습니다. 이 책을 품에 안은 우리 친구들도 부담 없이 즐길 수 있는 받아쓰기 공부를 통해, 한글 능력 신장은 물론, 배움의 즐거움과 성취감이라는 두 마리 토끼를 모두 잡을 수 있으면 좋겠습니다.

이 책은 『한 권으로 끝내는 한글 떼기』와 『한 권으로 끝내는 받아쓰기』, 이렇게 두 권의 구성입니다. 아이들이 한 권을 야무지게 끝마쳐 보는 유의미한 경험을 할 수 있도록 난이도에 맞춰 두 권으로 기획했습니다. 저는 학교 현장에서 문제집을 사서 끝까지 풀지 못하고 분리 배출하는 아이들을 참 많이 목격했답니다. 처음에는 꽤 쉬워 보여서 호기롭게 시작했다가 끝으로 갈수록 어려움에 봉착하거나 귀찮은 마음이 들어 그만두는 아이들이 생각보다 아주 많아서 안타깝더라고요. 문제집을 끝까지 풀어내지 못하고 중도 포기하는 것은 '성실과 끈기'의 중도 포기와도 같습니다. 우리 아이들이 이 책을 반드시 끝까지 해낼 수 있도록 부모님들이 많이 응원해 주시고 함께해 주세요. 한 급수 한 급수 뛰어오를 때마다 아이들이 성취감을 충분히 느낄 수 있도록 응원 분위기를 북돋워 주는 것은 부모님의 역할입니다. 이를 돕기 위해 '한 권 끝 계획표'를 함께 준비했습니다. 매일 성실과 끈기의 힘을 아이들보다 부모님이 먼저 믿어 주세요. 저도 블로그, 카페, 유튜브 등 다양한 채널을 통해 돕겠습니다.

두 권의 책을 모두 마치고 나면 초등 1학년 1학기 수준을 완벽하게 익힐 수 있게 내용을 구성했습니다. 그리고 이 책은 '공부 방법'을 알려 줍니다. 이 책에 실리지 않은 다른 문제가 나오더라도 우리 친구들이 자기 주도적으로 받아쓰기 공부를 하는 방법을 익힐 수 있습니다. 소리 내어 읽기부터 시작하여 자음, 모음, 받침 등을 분절하여 써 보는 연습, 그리고 통 글자를 써 보고, 결국 통 문장을 쓸 수 있게 구성했기 때문이지요. 내가 잘 틀리는 부분, 어려운 맞춤법 부분이 무엇인지를 인식하게 하고, 그 부분만을 집중적·반복적으로 공부하여 끝내는 나의 것으로 만드는 '메타인지'를 연습하게 합니다. '메타인지'를 자극하는 습관은 다른 낯선 문장도 스스로 공부할 수 있는 힘을 길러 줄 것입니다.

시작하기 전에 이것만은 꼭!

- ☑ 가급적 아이와 '함께' 이 책을 활용해 주세요. 이 책과 함께라면 아이는 주 양육자와의 공부 시간도 즐거운 추억으로 기억할 수 있을 테니까요.

- ☑ 시간에 쫓기지 마세요. 다만, 이 책을 공부하는 시간만큼은 규칙적으로 확보해 주세요. 이것만으로도 충분히 아이들의 공부 습관을 잡아 줄 수 있습니다.

- ☑ 소리 내어 읽는 아이의 목소리를 사랑스럽게 들어 주시고, 바른 발음과 발성으로 발전하는 과정을 칭찬해 주세요.

- ☑ 받아쓰기 문장을 반드시 주 양육자가 소리 내어 읽어 주세요. 그러면 공부 시간이 아이와 주 양육자가 교감하는 시간이 됩니다.

- ☑ 한 번에 많이 하는 것보다는 꾸준히 오래 하는 것이 더 중요합니다. 이 책으로 자기 주도 학습 습관까지 꼭 길러 주세요.

차례

이 책의 활용법

『한 권으로 끝내는 받아쓰기』는 이런 책이에요

본격적으로 초등 1학년 수준의 받아쓰기 학습을 시작합니다. 1~8단계의 학습 과정을 거치다 보면 어떤 아이든지 힘들이지 않고도 완전한 성취도에 이를 수 있게 됩니다. 메타인지를 활용해서 반복 및 심화되는 학습 과정을 따라갈 수 있도록 구성했기 때문입니다.

1단계 또박또박 읽기

직접 아이들이 소리를 냄으로써 '소리'라는 매개체를 통하여 보다 쉽게 의미를 파악하게 됩니다. 그리고 글자 단위, 어절 단위로 자연스럽게 띄어 읽기가 가능해지며, 한글 특유의 법칙(두음 법칙, 연음 법칙 등)을 체득하기도 쉬워집니다.

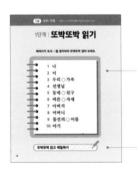

한 급수당 열 개의 문장을 배웁니다.
띄어쓰기를 생각하며 소리 내어 읽습니다.

모든 내용을 한 번씩 소리 내어 읽을 때마다 색칠합니다.
다 색칠하고 나면 성취감을 느낄 수 있습니다.

2~5단계 차근차근 쓰기

처음부터 모든 문장을 한꺼번에 옮겨 쓰는 것보다는 조금씩 자신이 익혀야 할 범위를 확장하는 공부법이 훨씬 효과적입니다. 자주 틀리는 부분과 완벽하게 익히지 못한 부분이 어디인지 파악도 가능해집니다. 이 책에서는 가장 분별하기 쉬운 모음을 제일 먼저 써 보고, 그다음은 자음, 이어서 번갈아 가며 한 음절씩 써 보는 과정을 통하여 아이들이 학습 영역을 점차 넓혀 가는데, 이것이 바로 자기 주도 학습의 기본이 됩니다.

메타인지 학습법이
적용된 쓰기입니다.
모음 → 자음 → 한 글자
순서로 여러 번 쓰면서
반복하여 문장을 익힙니다.

6~7단계 두근두근 받아쓰기

1~5단계를 통해 아이들은 띄어 읽기와 맞춤법을 반복 및 심화하면서 연습했습니다. 하지만 그렇다고 곧장 실전 받아쓰기에서 완벽한 실력을 발휘하기에는 두려움이 앞설 수밖에 없습니다. '띄어쓰기' 때문입니다. 이 책은 띄어쓰기를 제공하는 빈칸 받아쓰기, 띄어쓰기를 제공하지 않는 실전 받아쓰기를 별도 구성하여 띄어쓰기에 대한 아이의 학습 부담을 줄여서 완벽한 성취도에 이를 수 있도록 합니다.

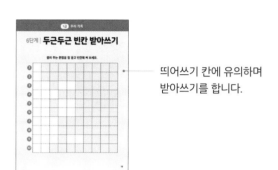 띄어쓰기 칸에 유의하며 받아쓰기를 합니다.

 완전한 빈칸에 받아쓰기를 합니다.

8단계 룰루랄라 놀이

아이들이 한 급수에 해당하는 받아쓰기 공부를 마친 후, 놀이를 통해 스스로 복습할 수 있는 장을 마련했습니다. 놀이의 힘을 학습에 적용함으로써 보다 즐거운 받아쓰기를 할 수 있도록 이 책이 아이들을 도와줄 것입니다.

미로 찾기, 숨은그림찾기, 시험지 채점하기, 사다리 타기 등 다양한 놀이 활동으로 신나고 재미있게 복습할 수 있습니다.

 보너스 영상
QR 코드를 스캔해 김수현 선생님이 직접 설명하는 책 소개를 만나 보세요.

 보너스 부록
QR 코드를 스캔해 아이에게 불러 줄 받아쓰기 문장을 다운로드 받으세요.

최고 멋쟁이 _____ (이)의
한 권 끝 계획표

- 총 60일, 이 책을 공부하는 동안 아이가 사용하는 한 권 끝 계획표입니다.

- 한 권 끝 계획표를 사용하기 전, 가장 먼저 상단 제목 빈칸에 아이가 직접 자신의 이름을 쓰도록 지도해 주세요. 책임감을 기르고 자기 주도 학습의 출발점이 됩니다.

- 아이가 한 권 끝 계획표를 야무지게 활용할 수 있도록 다음과 같이 지도해 주세요.
  ❶ 공부를 시작하기 전, 한 권 끝 계획표에 공부 날짜를 씁니다.
  ❷ 공부 날짜를 쓴 다음, 공부 내용과 쪽수를 스스로 확인합니다.
  ❸ 책장을 넘겨서 신나고 즐겁게 그날의 내용을 공부합니다.
  ❹ 공부를 마친 후, 다시 한 권 끝 계획표를 펼쳐 공부 확인에 표시합니다.

- 한 권 끝 계획표의 공부 확인에는 공부를 잘 마친 아이가 느낄 수 있는 감정을 그림으로 담았습니다. 그날의 공부를 마친 아이가 ⭐(신남), ❤️(설렘), 😊(기쁨)을 살펴보고 표시하면서 성취감을 느낄 수 있도록 많이 격려하고 칭찬해 주세요.

공부 날짜			공부 내용		쪽수	공부 확인
1일	월	일	1급 우리 가족	1~2단계	14~15쪽	⭐ ❤️ 😊
2일	월	일		3~4단계	16~17쪽	⭐ ❤️ 😊
3일	월	일		5~6단계	18~19쪽	⭐ ❤️ 😊
4일	월	일		7~8단계	20~21쪽	⭐ ❤️ 😊
5일	월	일	2급 우리 학교	1~2단계	22~23쪽	⭐ ❤️ 😊
6일	월	일		3~4단계	24~25쪽	⭐ ❤️ 😊
7일	월	일		5~6단계	26~27쪽	⭐ ❤️ 😊
8일	월	일		7~8단계	28~29쪽	⭐ ❤️ 😊
9일	월	일	3급 동그란 사과	1~2단계	30~31쪽	⭐ ❤️ 😊
10일	월	일		3~4단계	32~33쪽	⭐ ❤️ 😊
11일	월	일		5~6단계	34~35쪽	⭐ ❤️ 😊
12일	월	일		7~8단계	36~37쪽	⭐ ❤️ 😊
13일	월	일	4급 푸른 호수	1~2단계	38~39쪽	⭐ ❤️ 😊
14일	월	일		3~4단계	40~41쪽	⭐ ❤️ 😊
15일	월	일		5~6단계	42~43쪽	⭐ ❤️ 😊
16일	월	일		7~8단계	44~45쪽	⭐ ❤️ 😊
17일	월	일	5급 다 함께 아야어여	1~2단계	46~47쪽	⭐ ❤️ 😊
18일	월	일		3~4단계	48~49쪽	⭐ ❤️ 😊
19일	월	일		5~6단계	50~51쪽	⭐ ❤️ 😊
20일	월	일		7~8단계	52~53쪽	⭐ ❤️ 😊

공부 날짜			공부 내용		쪽수	공부 확인
21일	월	일	6급 글자를 만들어요	1~2단계	54~55쪽	⭐ ❤️ 😊
22일	월	일		3~4단계	56~57쪽	⭐ ❤️ 😊
23일	월	일		5~6단계	58~59쪽	⭐ ❤️ 😊
24일	월	일		7~8단계	60~61쪽	⭐ ❤️ 😊
25일	월	일	7급 병원에 가자	1~2단계	62~63쪽	⭐ ❤️ 😊
26일	월	일		3~4단계	64~65쪽	⭐ ❤️ 😊
27일	월	일		5~6단계	66~67쪽	⭐ ❤️ 😊
28일	월	일		7~8단계	68~69쪽	⭐ ❤️ 😊
29일	월	일	8급 다정하게 인사해요	1~2단계	70~71쪽	⭐ ❤️ 😊
30일	월	일		3~4단계	72~73쪽	⭐ ❤️ 😊
31일	월	일		5~6단계	74~75쪽	⭐ ❤️ 😊
32일	월	일		7~8단계	76~77쪽	⭐ ❤️ 😊
33일	월	일	9급 받침이 있는 글자	1~2단계	78~79쪽	⭐ ❤️ 😊
34일	월	일		3~4단계	80~81쪽	⭐ ❤️ 😊
35일	월	일		5~6단계	82~83쪽	⭐ ❤️ 😊
36일	월	일		7~8단계	84~85쪽	⭐ ❤️ 😊
37일	월	일	10급 인사를 합니다	1~2단계	86~87쪽	⭐ ❤️ 😊
38일	월	일		3~4단계	88~89쪽	⭐ ❤️ 😊
39일	월	일		5~6단계	90~91쪽	⭐ ❤️ 😊
40일	월	일		7~8단계	92~93쪽	⭐ ❤️ 😊

공부 날짜			공부 내용		쪽수	공부 확인
41일	월	일	11급 놀이터에서 놀아요	1~2단계	94~95쪽	⭐ ❤️ 😊
42일	월	일		3~4단계	96~97쪽	⭐ ❤️ 😊
43일	월	일		5~6단계	98~99쪽	⭐ ❤️ 😊
44일	월	일		7~8단계	100~101쪽	⭐ ❤️ 😊
45일	월	일	12급 기분이 좋습니다	1~2단계	102~103쪽	⭐ ❤️ 😊
46일	월	일		3~4단계	104~105쪽	⭐ ❤️ 😊
47일	월	일		5~6단계	106~107쪽	⭐ ❤️ 😊
48일	월	일		7~8단계	108~109쪽	⭐ ❤️ 😊
49일	월	일	13급 맛있게 먹었어요	1~2단계	110~111쪽	⭐ ❤️ 😊
50일	월	일		3~4단계	112~113쪽	⭐ ❤️ 😊
51일	월	일		5~6단계	114~115쪽	⭐ ❤️ 😊
52일	월	일		7~8단계	116~117쪽	⭐ ❤️ 😊
53일	월	일	14급 같이 가자	1~2단계	118~119쪽	⭐ ❤️ 😊
54일	월	일		3~4단계	120~121쪽	⭐ ❤️ 😊
55일	월	일		5~6단계	122~123쪽	⭐ ❤️ 😊
56일	월	일		7~8단계	124~125쪽	⭐ ❤️ 😊
57일	월	일	15급 그림일기를 써요	1~2단계	126~127쪽	⭐ ❤️ 😊
58일	월	일		3~4단계	128~129쪽	⭐ ❤️ 😊
59일	월	일		5~6단계	130~131쪽	⭐ ❤️ 😊
60일	월	일		7~8단계	132~133쪽	⭐ ❤️ 😊

1단계 : **또박또박 읽기**

띄어쓰기 표시 ○를 생각하며 또박또박 읽어 보세요.

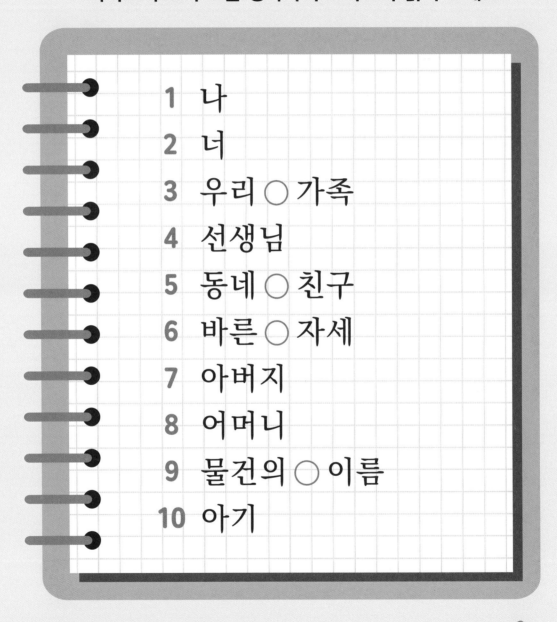

1 나
2 너
3 우리 ○ 가족
4 선생님
5 동네 ○ 친구
6 바른 ○ 자세
7 아버지
8 어머니
9 물건의 ○ 이름
10 아기

또박또박 읽고 색칠하기 ○○○○○

2단계 : 차근차근 모음 쓰기

불러 주는 문장을 잘 듣고 어떤 모음이 들어갈지 생각하며 차근차근 써 보세요.

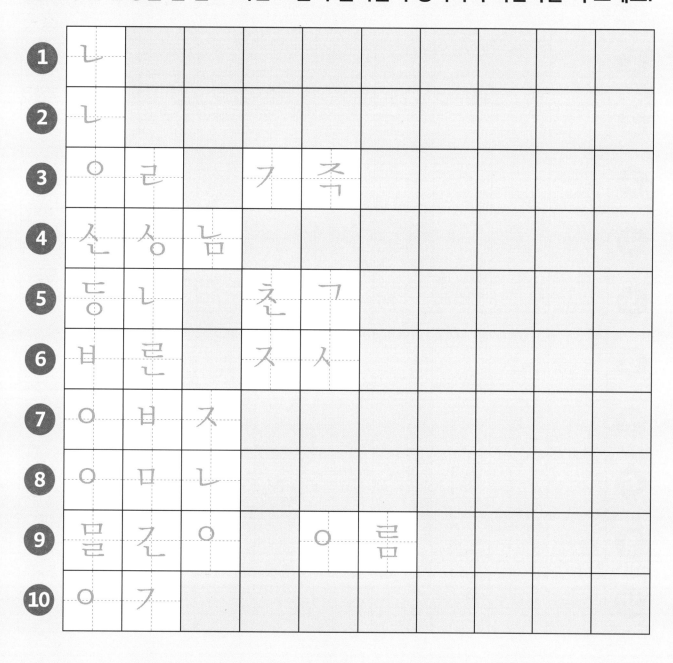

3단계 : 차근차근 자음 쓰기

불러 주는 문장을 잘 듣고 어떤 자음이 들어갈지 생각하며 차근차근 써 보세요.

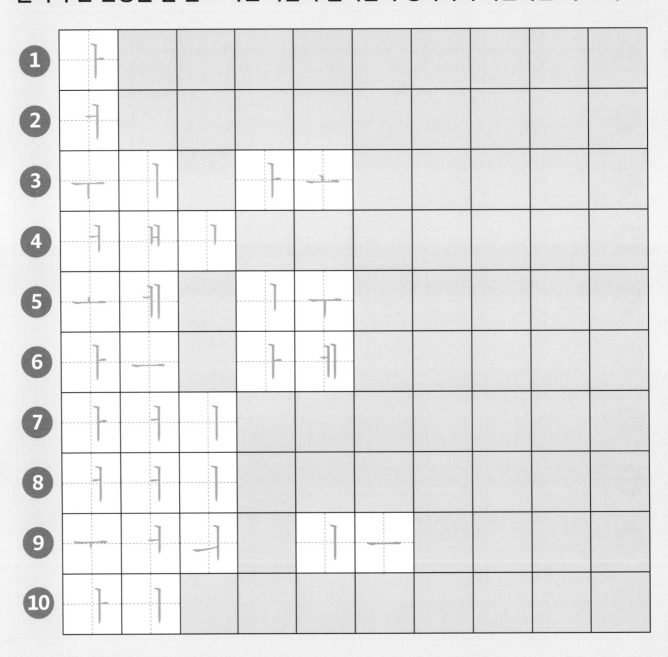

4단계 : 차근차근 글자 쓰기①

불러 주는 문장을 잘 듣고 어떤 글자가 들어갈지 생각하며 차근차근 써 보세요.

1									
2									
3	우			가					
4	선		님						
5	동			친					
6	바			자					
7	아		지						
8	어		니						
9	물		의		이				
10	아								

5단계 : 차근차근 글자 쓰기②

불러 주는 문장을 잘 듣고 어떤 글자가 들어갈지 생각하며 차근차근 써 보세요.

1									
1									
2									
3	리			족					
4	생								
5	네			구					
6	른			세					
7	버								
8	머								
9	견			름					
10	기								

6단계 : 두근두근 빈칸 받아쓰기

불러 주는 문장을 잘 듣고 빈칸에 써 보세요.

1

2

3

4

5

6

7

8

9

10

7단계 : 두근두근 실전 받아쓰기

불러 주는 문장을 잘 듣고 띄어쓰기를 생각하며 써 보세요.

1

2

3

4

5

6

7

8

9

10

8단계 : 룰루랄라 놀이

학교를 마친 토끼가 엄마를 만나러 가요.
바른 낱말에 ○ 하면서 엄마한테 가는 길을 그려 보세요.

선셍님

선생님

동네 친구

동내 친구

바른 자세

바른 자새

1단계 : **또박또박 읽기**

띄어쓰기 표시 ○를 생각하며 또박또박 읽어 보세요.

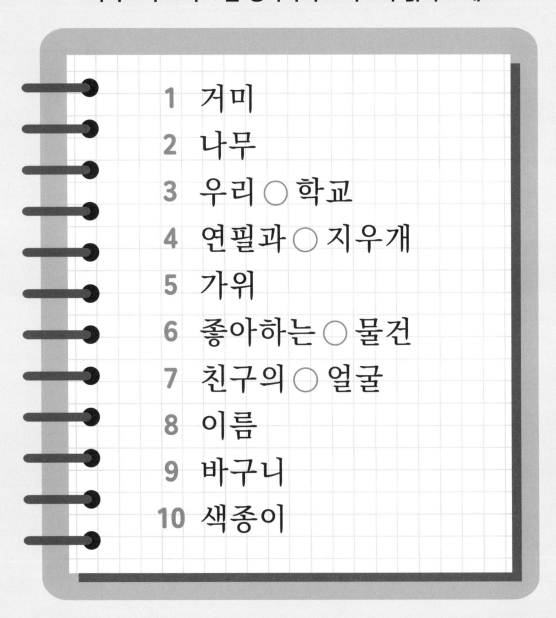

1 거미
2 나무
3 우리 ○ 학교
4 연필과 ○ 지우개
5 가위
6 좋아하는 ○ 물건
7 친구의 ○ 얼굴
8 이름
9 바구니
10 색종이

또박또박 읽고 색칠하기 ○○○○○

2단계 : 차근차근 모음 쓰기

불러 주는 문장을 잘 듣고 어떤 모음이 들어갈지 생각하며 차근차근 써 보세요.

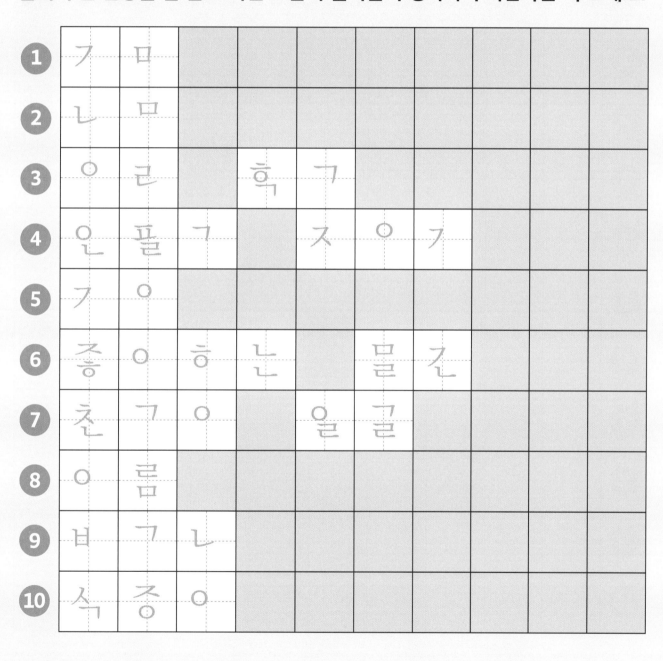

3단계 : 차근차근 자음 쓰기

불러 주는 문장을 잘 듣고 어떤 자음이 들어갈지 생각하며 차근차근 써 보세요.

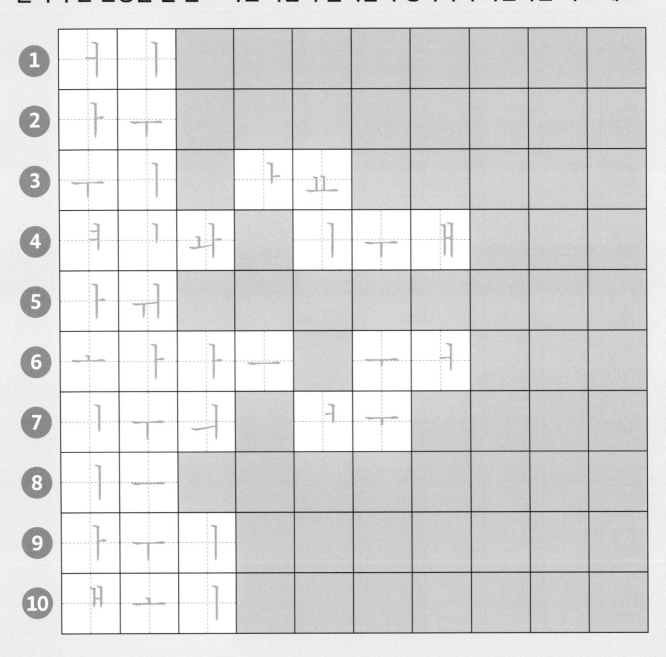

24

4단계 : 차근차근 글자 쓰기①

불러 주는 문장을 잘 듣고 어떤 글자가 들어갈지 생각하며 차근차근 써 보세요.

1	거									
2	나									
3	우			학						
4	연		과			우				
5	가									
6	종		하			물				
7	친		의			굴				
8	이									
9	바		니							
10	색		이							

5단계 : 차근차근 글자 쓰기②

불러 주는 문장을 잘 듣고 어떤 글자가 들어갈지 생각하며 차근차근 써 보세요.

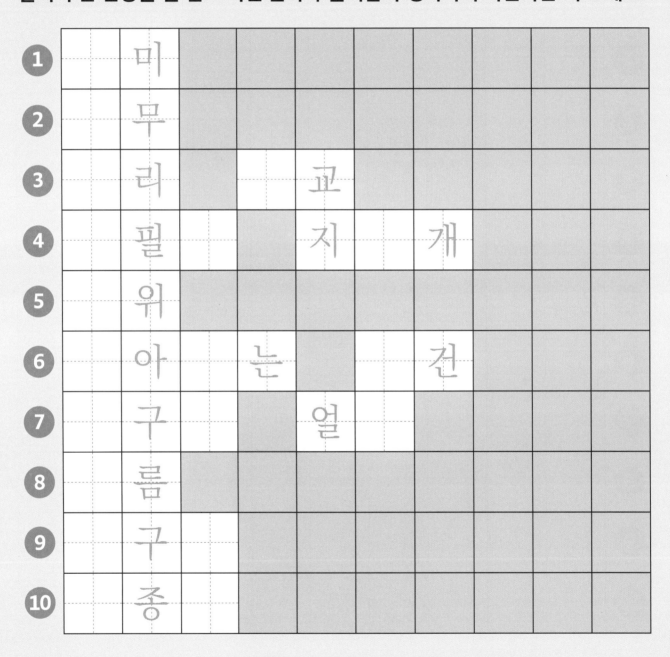

1		미								
2		무								
3		리			교					
4		필			지		개			
5		위								
6		아		는			건			
7		구			얼					
8		름								
9		구								
10		종								

6단계 두근두근 빈칸 받아쓰기

불러 주는 문장을 잘 듣고 빈칸에 써 보세요.

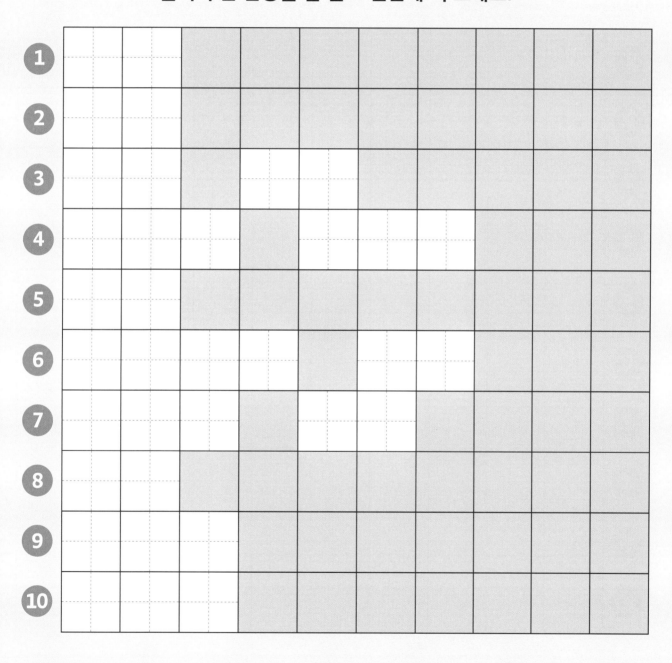

7단계 : 두근두근 실전 받아쓰기

불러 주는 문장을 잘 듣고 띄어쓰기를 생각하며 써 보세요.

1.
2.
3.
4.
5.
6.
7.
8.
9.
10.

8단계 : 룰루랄라 놀이

학교에서 쉬는 시간에 친구들이 즐겁게 놀고 있어요.
<보기>를 보고 숨은그림을 찾아 ○ 하세요.

보기 연필 지우개 가위 바구니 색종이

1단계 : 또박또박 읽기

띄어쓰기 표시 ○를 생각하며 또박또박 읽어 보세요.

1 재미있게

2 가지와 ○ 도토리

3 나무딸기

4 노란 ○ 레몬

5 동그란 ○ 사과

6 앵두

7 싱싱한 ○ 토마토

8 호박

9 파란색

10 자두가 ○ 주렁주렁

또박또박 읽고 색칠하기 ○○○○○

2단계 : 차근차근 모음 쓰기

불러 주는 문장을 잘 듣고 어떤 모음이 들어갈지 생각하며 차근차근 써 보세요.

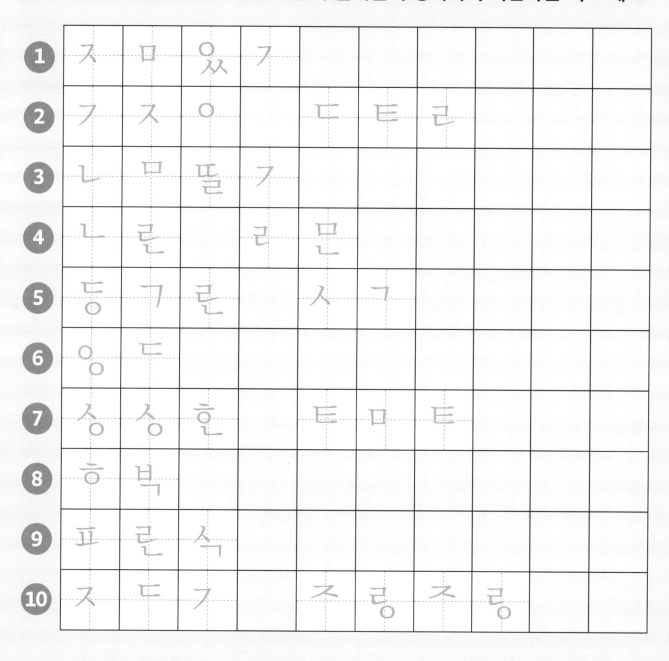

3단계 : 차근차근 자음 쓰기

불러 주는 문장을 잘 듣고 어떤 자음이 들어갈지 생각하며 차근차근 써 보세요.

4단계 : 차근차근 글자 쓰기①

불러 주는 문장을 잘 듣고 어떤 글자가 들어갈지 생각하며 차근차근 써 보세요.

①	재		있						
②	가		와			토			
③	나		딸						
④	노			레					
⑤	동		란			과			
⑥	앵								
⑦	싱		한			마			
⑧	호								
⑨	파		색						
⑩	자		가			렁		렁	

5단계 : 차근차근 글자 쓰기②

불러 주는 문장을 잘 듣고 어떤 글자가 들어갈지 생각하며 차근차근 써 보세요.

1		미		게						
2		지			도		리			
3		무	기							
4		란			몬					
5		그			사					
6		두								
7		싱			토		토			
8		박								
9		란								
10		두			주		주			

6단계 : 두근두근 빈칸 받아쓰기

불러 주는 문장을 잘 듣고 빈칸에 써 보세요.

1

2

3

4

5

6

7

8

9

10

7단계 : 두근두근 실전 받아쓰기

불러 주는 문장을 잘 듣고 띄어쓰기를 생각하며 써 보세요.

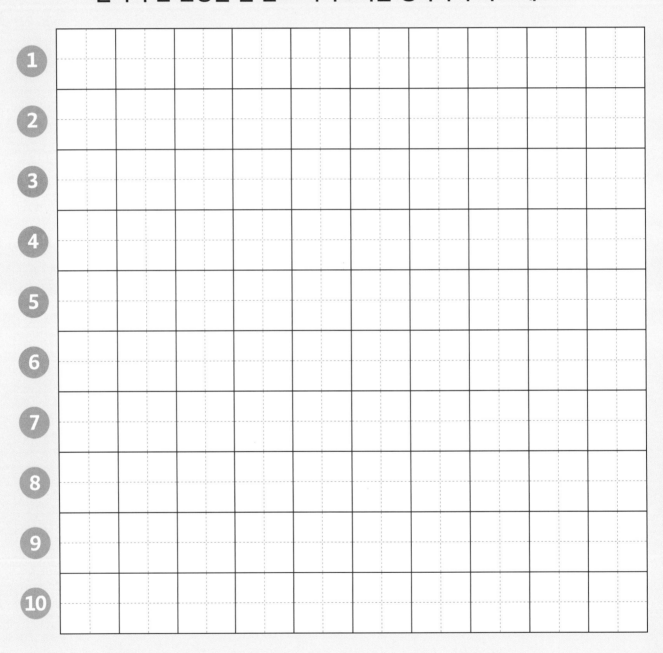

8단계 : 룰루랄라 놀이

전래 동화 <선녀와 나무꾼>의 한 장면이에요.
<보기>를 보고 숨은그림을 찾아 ○ 하세요.

보기   가지   도토리   레몬   사과   호박

1단계 : 또박또박 읽기

띄어쓰기 표시 ○를 생각하며 또박또박 읽어 보세요.

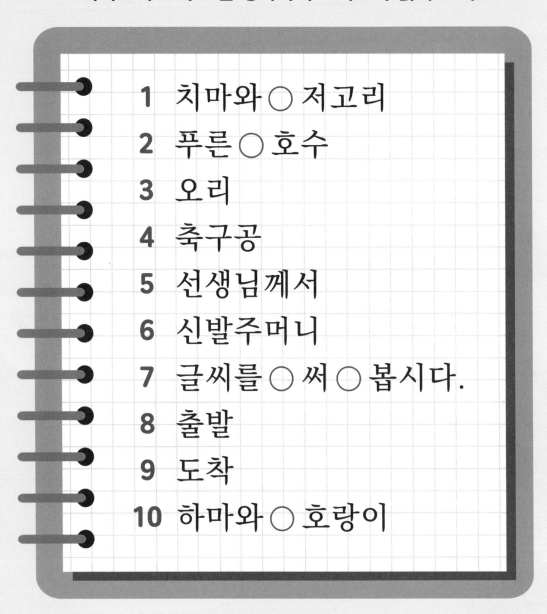

1 치마와 ○ 저고리
2 푸른 ○ 호수
3 오리
4 축구공
5 선생님께서
6 신발주머니
7 글씨를 ○ 써 ○ 봅시다.
8 출발
9 도착
10 하마와 ○ 호랑이

또박또박 읽고 색칠하기 ○○○○○

2단계 : 차근차근 모음 쓰기

불러 주는 문장을 잘 듣고 어떤 모음이 들어갈지 생각하며 차근차근 써 보세요.

1	ㅊ	ㅁ	ㅇ		ㅈ	ㄱ	ㄹ			
2	ㅍ	ㄹ		ㅎ	ㅅ					
3	ㅇ	ㄹ								
4	ㅊ	ㄱ	ㅇ							
5	ㅅ	ㅇ	ㄴ	ㄲ	ㅅ					
6	ㅅ	ㅂ	ㅈ	ㅁ	ㄴ					
7	ㄱ	ㅆ	ㄹ		ㅆ		ㅂ	ㅅ	ㄷ	.
8	ㅊ	ㅂ								
9	ㄷ	ㅊ								
10	ㅎ	ㅁ	ㅇ		ㅎ	ㄹ	ㅇ			

3단계 : 차근차근 자음 쓰기

불러 주는 문장을 잘 듣고 어떤 자음이 들어갈지 생각하며 차근차근 써 보세요.

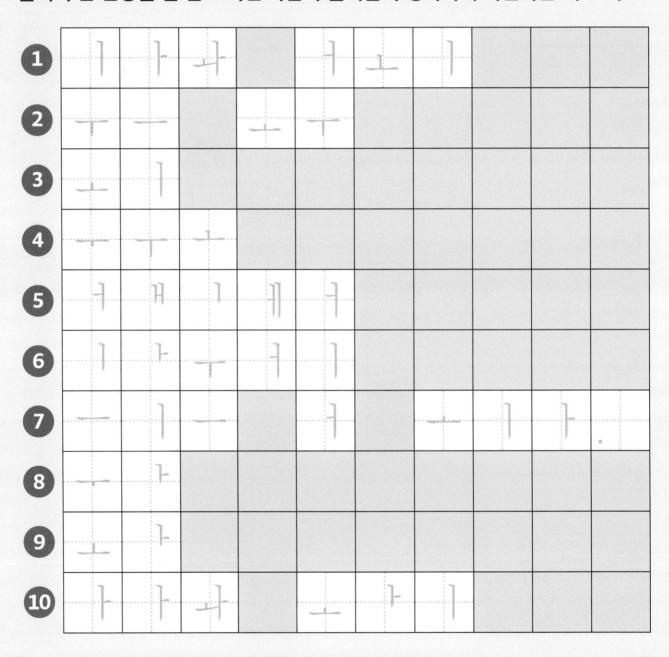

4단계 : 차근차근 글자 쓰기①

불러 주는 문장을 잘 듣고 어떤 글자가 들어갈지 생각하며 차근차근 써 보세요.

❶	치		와			고			
❷	푸			호					
❸	오								
❹	축		공						
❺	선		님		서				
❻	신		주		니				
❼	글		를				봅		다
❽	출								
❾	도								
❿	하		와			랑			

5단계 : 차근차근 글자 쓰기②

불러 주는 문장을 잘 듣고 어떤 글자가 들어갈지 생각하며 차근차근 써 보세요.

①		마			저	리			
②		른		수					
③		리							
④		구							
⑤		생	께						
⑥		발	머						
⑦		씨	써		시		.		
⑧		발							
⑨		작							
⑩		마	호	이					

6단계 : 두근두근 빈칸 받아쓰기

불러 주는 문장을 잘 듣고 빈칸에 써 보세요.

1
2
3
4
5
6
7
8
9
10

7단계 : 두근두근 실전 받아쓰기

불러 주는 문장을 잘 듣고 띄어쓰기를 생각하며 써 보세요.

1

2

3

4

5

6

7

8

9

10

8단계 : 룰루랄라 놀이

나비가 달콤한 꿀을 따러 꽃밭으로 가려고 해요.
바른 낱말에 ○ 하면서 꽃밭으로 가는 길을 그려 보세요.

1단계 : **또박또박 읽기**

띄어쓰기 표시 ○를 생각하며 또박또박 읽어 보세요.

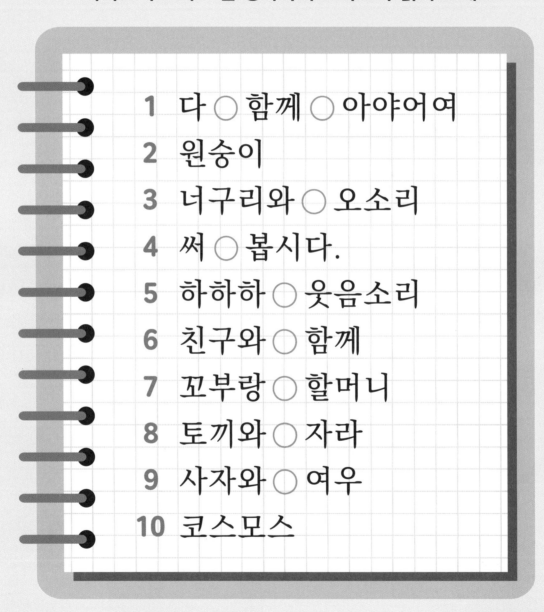

1 다 ○ 함께 ○ 아야어여
2 원숭이
3 너구리와 ○ 오소리
4 써 ○ 봅시다.
5 하하하 ○ 웃음소리
6 친구와 ○ 함께
7 꼬부랑 ○ 할머니
8 토끼와 ○ 자라
9 사자와 ○ 여우
10 코스모스

또박또박 읽고 색칠하기 ○○○○○

2단계 : 차근차근 모음 쓰기

불러 주는 문장을 잘 듣고 어떤 모음이 들어갈지 생각하며 차근차근 써 보세요.

①	ㄷ		힘	ㄲ		ㅇ	ㅇ	ㅇ	ㅇ	ㅇ
②	은	승	ㅇ							
③	ㄴ	ㄱ	ㄹ	ㅇ		ㅇ	ㅅ	ㄹ		
④	ㅆ		ㅂ	ㅅ	ㄷ	.				
⑤	ㅎ	ㅎ	ㅎ		ㅇㅅ	ㅇㅁ	ㅅ	ㄹ		
⑥	츤	ㄱ	ㅇ		힘	ㄲ				
⑦	ㄲ	ㅂ	룽		흘	ㅁ	ㄴ			
⑧	ㅌ	ㄲ	ㅇ		ㅈ	ㄹ				
⑨	ㅅ	ㅈ	ㅇ		ㅇ	ㅇ				
⑩	ㅋ	ㅅ	ㅁ	ㅅ						

3단계 : 차근차근 자음 쓰기

불러 주는 문장을 잘 듣고 어떤 자음이 들어갈지 생각하며 차근차근 써 보세요.

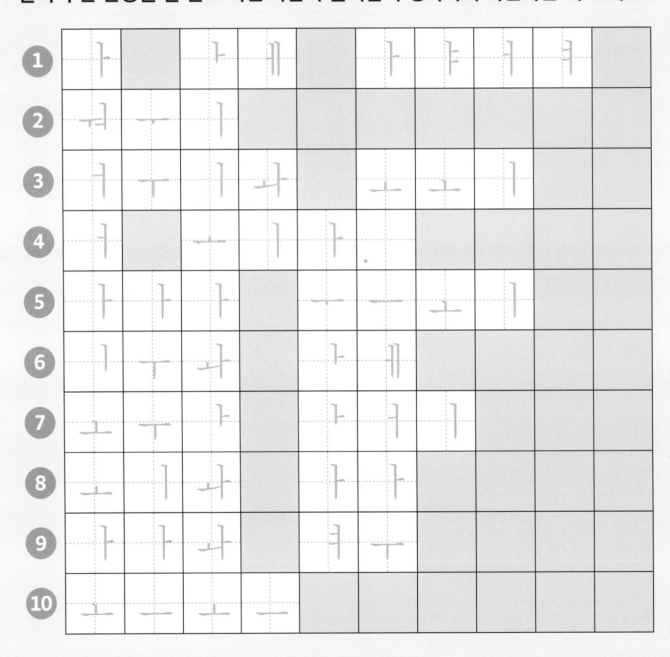

4단계 : 차근차근 글자 쓰기①

불러 주는 문장을 잘 듣고 어떤 글자가 들어갈지 생각하며 차근차근 써 보세요.

① 다			께			야		여	
② 원		이							
③ 너		리		오		리			
④ 써			시	.					
⑤ 하		하		음		리			
⑥ 친		와		께					
⑦ 꼬		랑		머					
⑧ 토		와		라					
⑨ 사		와		우					
⑩ 코		모							

5단계 : 차근차근 글자 쓰기②

불러 주는 문장을 잘 듣고 어떤 글자가 들어갈지 생각하며 차근차근 써 보세요.

①			함			아		어	
②		숭							
③		구		와			소		
④		뽑			다				
⑤		하			웃		소		
⑥		구			함				
⑦		부			할		니		
⑧		끼			자				
⑨		자			여				
⑩		스		스					

6단계 : 두근두근 빈칸 받아쓰기

불러 주는 문장을 잘 듣고 빈칸에 써 보세요.

1

2

3

4

5

6

7

8

9

10

7단계 : 두근두근 실전 받아쓰기

불러 주는 문장을 잘 듣고 띄어쓰기를 생각하며 써 보세요.

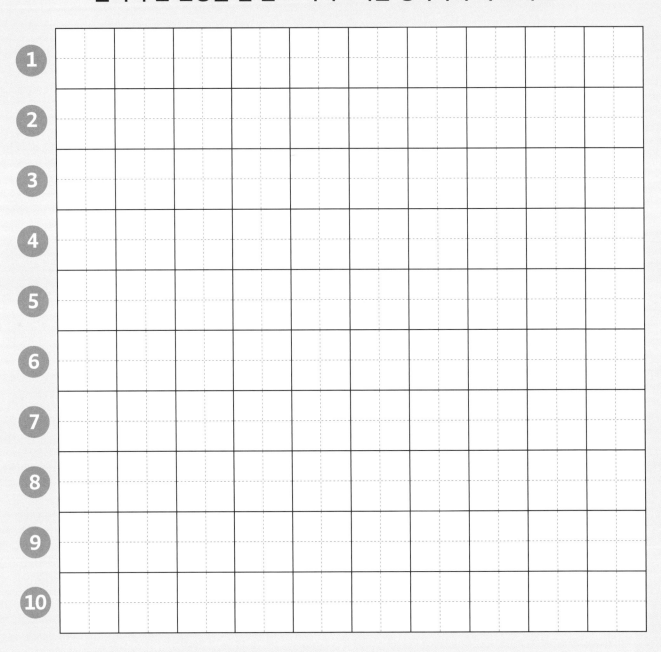

8단계 : 룰루랄라 놀이

오늘은 학교에서 받아쓰기 시험을 보았어요.
받아쓰기 시험지를 채점한 다음에 점수를 써 보세요.

* 날짜와 요일, 반과 번호, 이름도 써 보세요.

___월 ___일 ___요일	이름
1학년 ___반 ___번	
1 다 함께 아야어여	
2 원숭이	
3 너구리와 오소리	
4 써 봅시다.	
5 하하하 우슴소리	
6 친구와 함께	
7 꼬부란 할머니	
8 토끼와 자라	
9 사자와 여우	
10 코스모스	

확인	부모님	점수	
	선생님		

1단계 : 또박또박 읽기

띄어쓰기 표시 ○를 생각하며 또박또박 읽어 보세요.

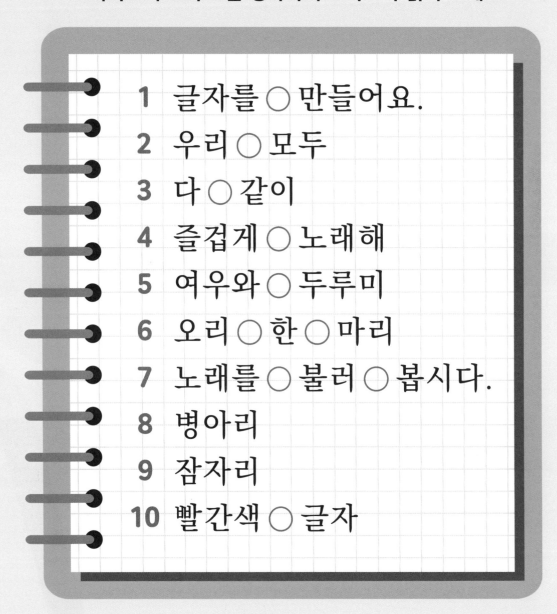

1 글자를 ○ 만들어요.
2 우리 ○ 모두
3 다 ○ 같이
4 즐겁게 ○ 노래해
5 여우와 ○ 두루미
6 오리 ○ 한 ○ 마리
7 노래를 ○ 불러 ○ 봅시다.
8 병아리
9 잠자리
10 빨간색 ○ 글자

또박또박 읽고 색칠하기 ○○○○○

2단계 : 차근차근 모음 쓰기

불러 주는 문장을 잘 듣고 어떤 모음이 들어갈지 생각하며 차근차근 써 보세요.

1	글	ㅈ	ㄹ		만	들	ㅇ	ㅇ	.	
2	ㅇ	ㄹ		ㅁ	ㄷ					
3	ㄷ		같	ㅇ						
4	줄	겁	ㄱ		ㄴ	ㄹ	ㅎ			
5	ㅇ	ㅇ	ㅇ		ㄷ	ㄹ	ㅁ			
6	ㅇ	ㄹ		한		ㅁ	ㄹ			
7	ㄴ	ㄹ	ㄹ		불	ㄹ		법	ㅅ	ㄷ	.
8	병	ㅇ	ㄹ							
9	좀	ㅈ	ㄹ							
10	빨	간	ㅅ		글	ㅈ				

3단계 : 차근차근 자음 쓰기

불러 주는 문장을 잘 듣고 어떤 자음이 들어갈지 생각하며 차근차근 써 보세요.

4단계 : 차근차근 글자 쓰기①

불러 주는 문장을 잘 듣고 어떤 글자가 들어갈지 생각하며 차근차근 써 보세요.

1	글		를			돌		요			
2	우			모							
3	다			이							
4	줄		게			래					
5	여		와			루					
6	오		한			러					
7	노		를			러			시		.
8	병		러								
9	잠		러								
10	빨		색			자					

5단계 : 차근차근 글자 쓰기②

불러 주는 문장을 잘 듣고 어떤 글자가 들어갈지 생각하며 차근차근 써 보세요.

1		자			만		어		.		
2		러			두					
3			같							
4		겹			노		해			
5		우			두		미			
6		러				마				
7		래			불			뽑		다	
8		아								
9		자								
10		간			글					

6단계 : 두근두근 빈칸 받아쓰기

불러 주는 문장을 잘 듣고 빈칸에 써 보세요.

1

2

3

4

5

6

7

8

9

10

7단계 : 두근두근 실전 받아쓰기

불러 주는 문장을 잘 듣고 띄어쓰기를 생각하며 써 보세요.

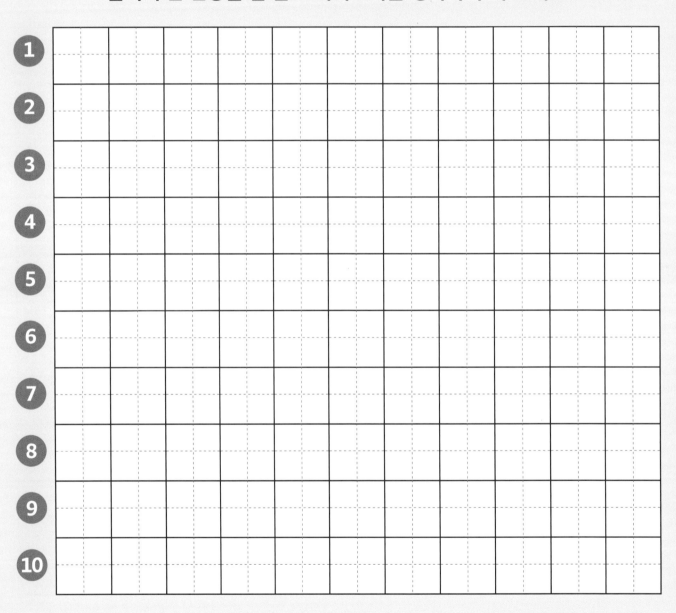

8단계 : 룰루랄라 놀이

오늘은 학교에서 본 받아쓰기 시험에서 70점을 받았어요.
틀린 문제의 잘못 쓴 글자에 ○ 하고 바르게 고쳐 써 보세요.

* 날짜와 요일, 반과 번호,
  이름도 써 보세요.

___월 ___일 ___요일	이름
1학년 ___반 ___번	
① 글자를 만들어요.	
② 우리 모두	
✕ 다 가치 ⟶	
✕ 즐겁개 노래해	
⑤ 여우와 두루미	
⑥ 오리 한 마리	
✕ 노래를 불러 봅씨다.	
⑧ 병아리	
⑨ 잠자리	
⑩ 빨간색 글자	
확인	부모님	점수	70
	선생님		

1단계 : 또박또박 읽기

띄어쓰기 표시 ○를 생각하며 또박또박 읽어 보세요.

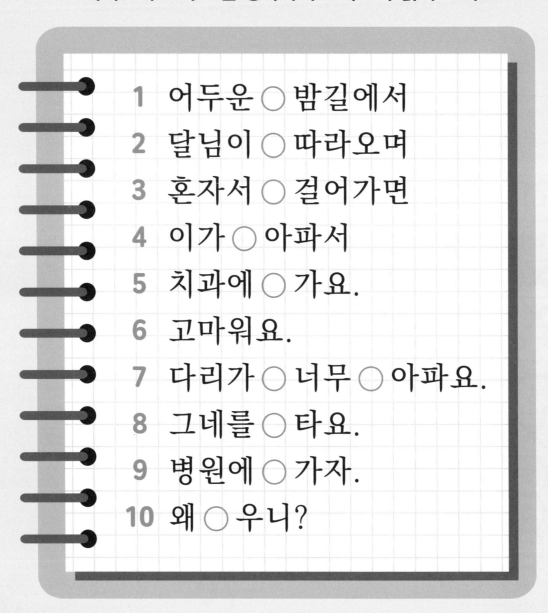

1 어두운 ○ 밤길에서

2 달님이 ○ 따라오며

3 혼자서 ○ 걸어가면

4 이가 ○ 아파서

5 치과에 ○ 가요.

6 고마워요.

7 다리가 ○ 너무 ○ 아파요.

8 그네를 ○ 타요.

9 병원에 ○ 가자.

10 왜 ○ 우니?

또박또박 읽고 색칠하기 ○ ○ ○ ○ ○

2단계 : 차근차근 모음 쓰기

불러 주는 문장을 잘 듣고 어떤 모음이 들어갈지 생각하며 차근차근 써 보세요.

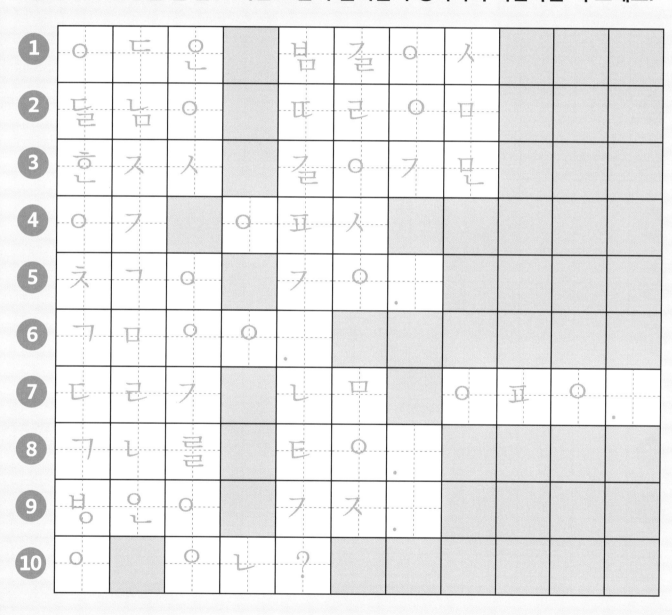

3단계 : 차근차근 자음 쓰기

불러 주는 문장을 잘 듣고 어떤 자음이 들어갈지 생각하며 차근차근 써 보세요.

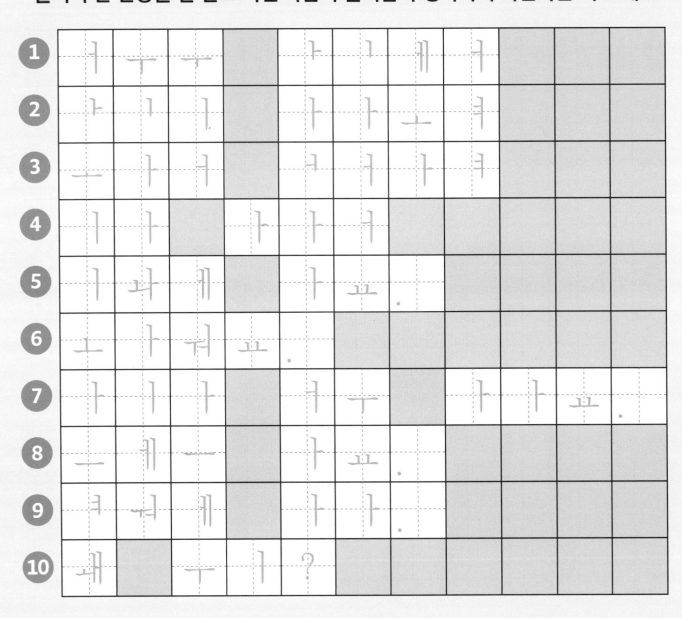

4단계 : 차근차근 글자 쓰기①

불러 주는 문장을 잘 듣고 어떤 글자가 들어갈지 생각하며 차근차근 써 보세요.

1	어		운			길		서			
2	달		이			라		며			
3	훈		서			어		면			
4	이			아	서						
5	치		예		요						
6	고		워		.						
7	다		가		무			파			.
8	그		를		요						
9	병		에		자						
10	왜			니							

5단계 : 차근차근 글자 쓰기②

불러 주는 문장을 잘 듣고 어떤 글자가 들어갈지 생각하며 차근차근 써 보세요.

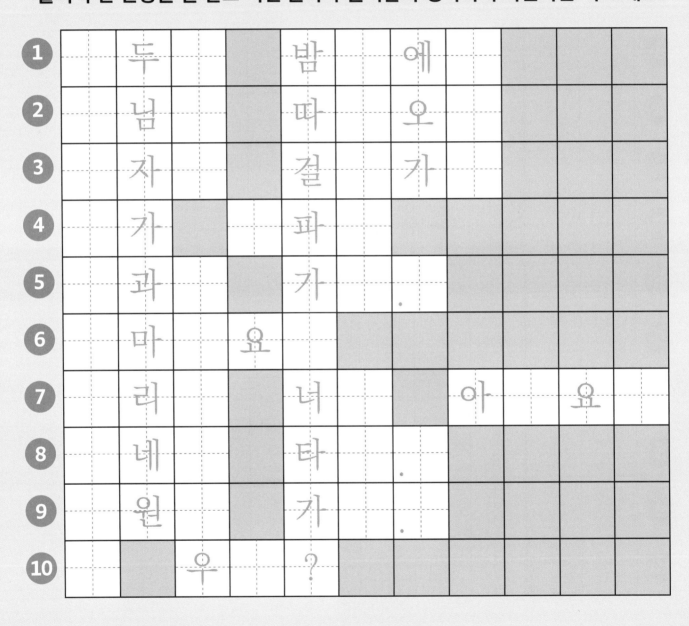

6단계 : 두근두근 빈칸 받아쓰기

불러 주는 문장을 잘 듣고 빈칸에 써 보세요.

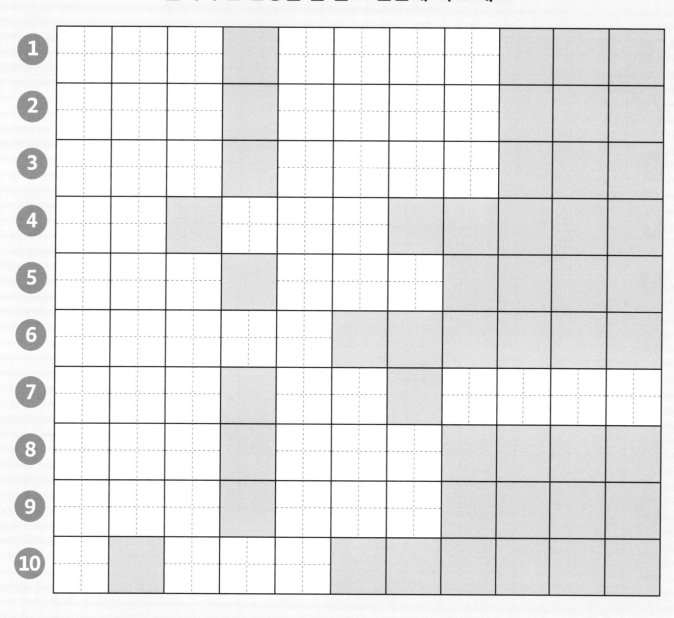

7단계 : 두근두근 실전 받아쓰기

불러 주는 문장을 잘 듣고 띄어쓰기를 생각하며 써 보세요.

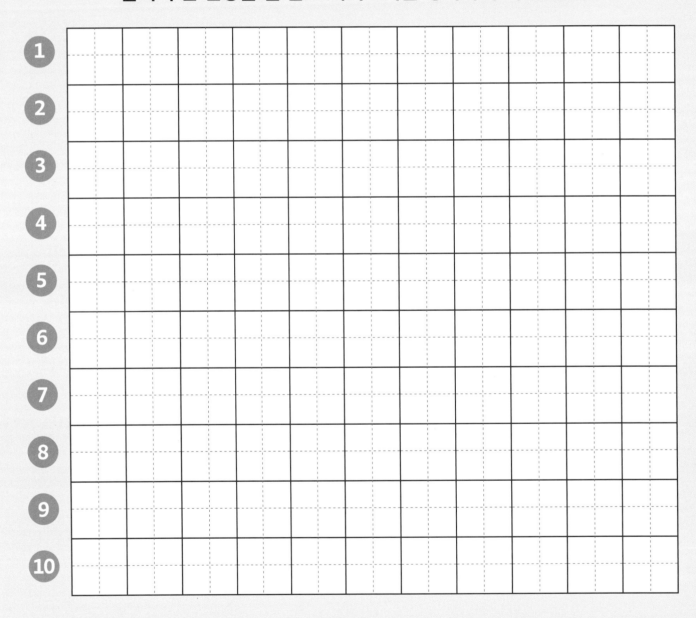

1

2

3

4

5

6

7

8

9

10

8단계 : 룰루랄라 놀이

동물 친구들이 틀린 낱말이 쓰인 자동차를 타고 경주 중이에요.
사다리를 타고 결승점으로 가서 낱말을 바르게 고쳐 써 보세요.

1단계 : 또박또박 읽기

띄어쓰기 표시 ○를 생각하며 또박또박 읽어 보세요.

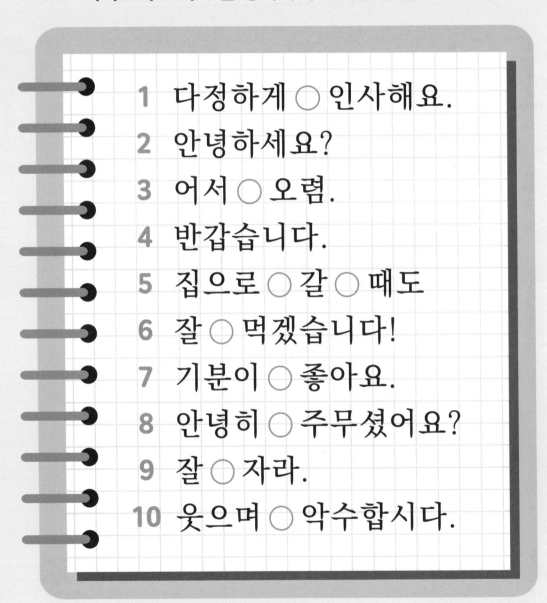

1 다정하게 ○ 인사해요.

2 안녕하세요?

3 어서 ○ 오렴.

4 반갑습니다.

5 집으로 ○ 갈 ○ 때도

6 잘 ○ 먹겠습니다!

7 기분이 ○ 좋아요.

8 안녕히 ○ 주무셨어요?

9 잘 ○ 자라.

10 웃으며 ○ 악수합시다.

또박또박 읽고 색칠하기 ○○○○○

70

2단계 : 차근차근 모음 쓰기

불러 주는 문장을 잘 듣고 어떤 모음이 들어갈지 생각하며 차근차근 써 보세요.

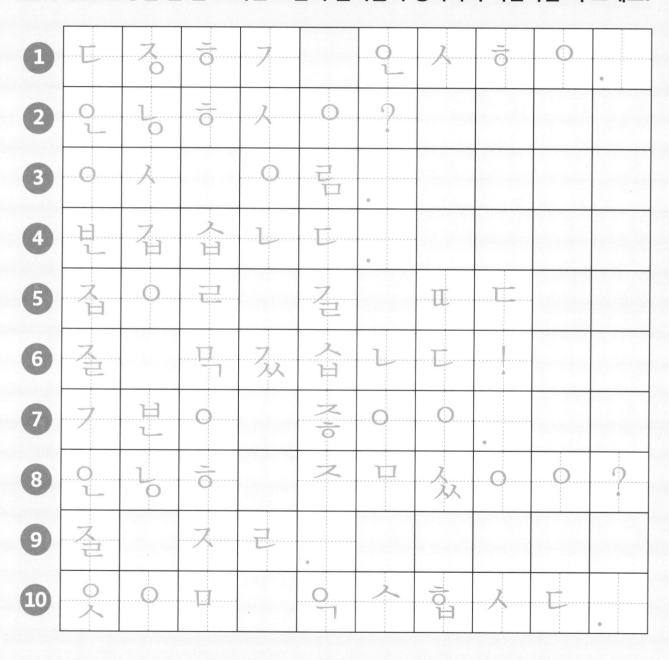

3단계 : 차근차근 자음 쓰기

불러 주는 문장을 잘 듣고 어떤 자음이 들어갈지 생각하며 차근차근 써 보세요.

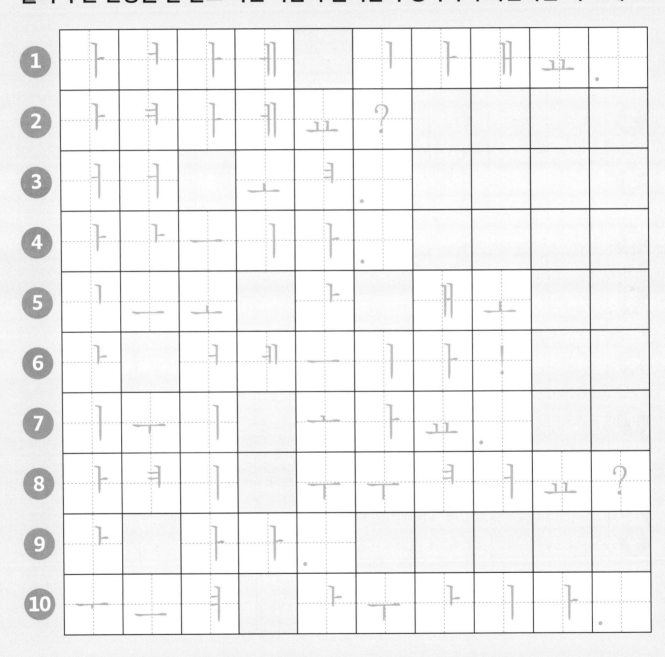

4단계 : 차근차근 글자 쓰기①

불러 주는 문장을 잘 듣고 어떤 글자가 들어갈지 생각하며 차근차근 써 보세요.

①	다		하			인		해		.
②	안		하		요					
③	어			오		.				
④	반		습		다					
⑤	집		로				때			
⑥	잘			겠		니		!		
⑦	기		이			아		.		
⑧	안		히			무		어		?
⑨	잘			라						
⑩	웃		며			수		시		.

5단계 : 차근차근 글자 쓰기②

불러 주는 문장을 잘 듣고 어떤 글자가 들어갈지 생각하며 차근차근 써 보세요.

1	정		게			사		요
2	녕		세		?			
3	서			렴				
4	갑			니	.			
5	으			갈			도	
6		먹		습		다		
7	분			좋		요		
8	녕			주		셨		요
9		자		.				
10	으			악		합		다

6단계 : 두근두근 빈칸 받아쓰기

불러 주는 문장을 잘 듣고 빈칸에 써 보세요.

1

2

3

4

5

6

7

8

9

10

7단계 : 두근두근 실전 받아쓰기

불러 주는 문장을 잘 듣고 띄어쓰기를 생각하며 써 보세요.

1

2

3

4

5

6

7

8

9

10

8단계 : 룰루랄라 놀이

친구들이 멋지고 다정하게 인사하고 있어요. 시간을 잘 살펴보면서
제대로 인사하는 친구에게는 ○, 그렇지 않은 친구에게는 X 해 보세요.

1단계 : 또박또박 읽기

띄어쓰기 표시 ○를 생각하며 또박또박 읽어 보세요.

1 받침이 ○ 있는 ○ 글자
2 어서 ○ 오너라.
3 무엇을 ○ 줄까?
4 이거 ○ 주세요.
5 깡충깡충
6 예쁜 ○ 꽃이
7 피었습니다.
8 새하얀 ○ 솜사탕
9 폴짝폴짝
10 어슬렁어슬렁

또박또박 읽고 색칠하기 ○○○○○

78

2단계 : 차근차근 모음 쓰기

불러 주는 문장을 잘 듣고 어떤 모음이 들어갈지 생각하며 차근차근 써 보세요.

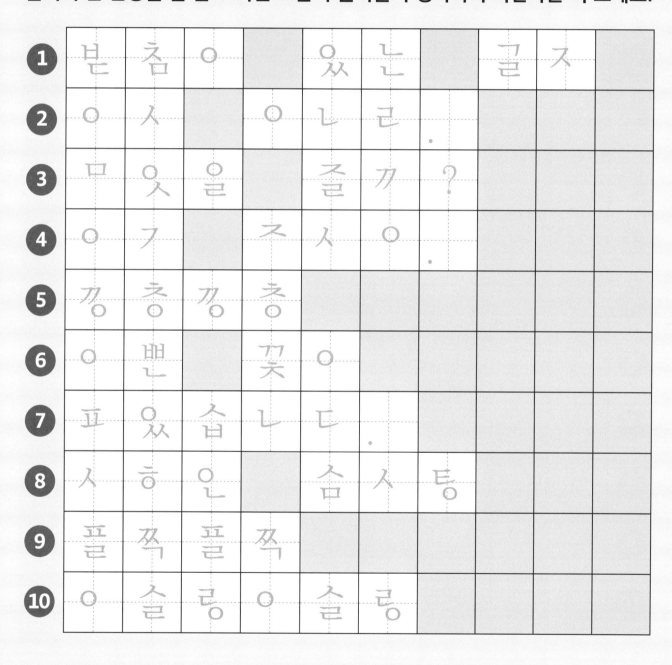

3단계 : 차근차근 자음 쓰기

불러 주는 문장을 잘 듣고 어떤 자음이 들어갈지 생각하며 차근차근 써 보세요.

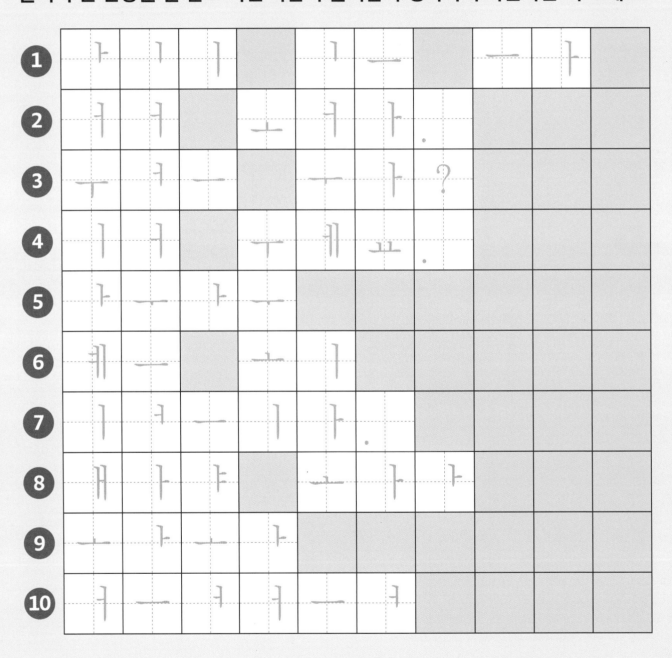

4단계 : 차근차근 글자 쓰기①

불러 주는 문장을 잘 듣고 어떤 글자가 들어갈지 생각하며 차근차근 써 보세요.

1	받		이				는			자	
2	어			오		라					
3	무		을				까				
4	이			주			요				
5	깡			깡							
6	예			꽃							
7	피		습		다						
8	새		안				사				
9	폴		폴								
10	어		렁		슬						

5단계 : 차근차근 글자 쓰기②

불러 주는 문장을 잘 듣고 어떤 글자가 들어갈지 생각하며 차근차근 써 보세요.

1		침			있			글		
2		서			너		.			
3		엇			줄		?			
4		거			세		.			
5		충		충						
6		뻔			이					
7		었		니		.				
8		하			솜		탕			
9		짝		짝						
10		슬		어		렁				

6단계 : 두근두근 빈칸 받아쓰기

불러 주는 문장을 잘 듣고 빈칸에 써 보세요.

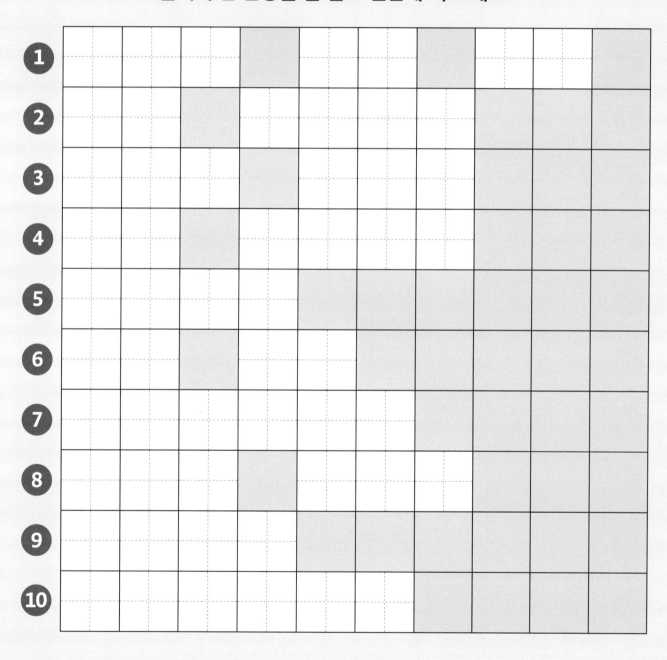

7단계 : 두근두근 실전 받아쓰기

불러 주는 문장을 잘 듣고 띄어쓰기를 생각하며 써 보세요.

1

2

3

4

5

6

7

8

9

10

8단계 : 룰루랄라 놀이

동물 친구들이 달콤한 간식을 먹으려면 바른 낱말이 필요해요.
사다리를 타고 내려가서 틀린 낱말을 바르게 고쳐 써 보세요.

바침   무엇   애쁜

1단계 : 또박또박 읽기

띄어쓰기 표시 ○를 생각하며 또박또박 읽어 보세요.

1 모자를 ○ 씁니다.
2 자전거를 ○ 탑니다.
3 공을 ○ 찹니다.
4 공을 ○ 던집니다.
5 손을 ○ 흔듭니다.
6 박수를 ○ 칩니다.
7 그네를 ○ 탑니다.
8 주스를 ○ 마십니다.
9 인사를 ○ 합니다.
10 수영을 ○ 합니다.

또박또박 읽고 색칠하기 ○○○○○

2단계 : 차근차근 모음 쓰기

불러 주는 문장을 잘 듣고 어떤 모음이 들어갈지 생각하며 차근차근 써 보세요.

1	ㅁ	ㅈ	를		씁	ㄴ	ㄷ	.		
2	ㅈ	존	ㄱ	를		틉	ㄴ	ㄷ	.	
3	ㄱ	을		칩	ㄴ	ㄷ	.			
4	ㄱ	을		돈	쥡	ㄴ	ㄷ	.		
5	ㅅ	을		흔	듭	ㄴ	ㄷ	.		
6	벅	ㅅ	를		칩	ㄴ	ㄷ	.		
7	ㄱ	ㄴ	를		틉	ㄴ	ㄷ	.		
8	ㅈ	ㅅ	를		ㅁ	습	ㄴ	ㄷ	.	
9	은	ㅅ	를		힙	ㄴ	ㄷ	.		
10	ㅅ	응	을		힙	ㄴ	ㄷ	.		

3단계 : 차근차근 자음 쓰기

불러 주는 문장을 잘 듣고 어떤 자음이 들어갈지 생각하며 차근차근 써 보세요.

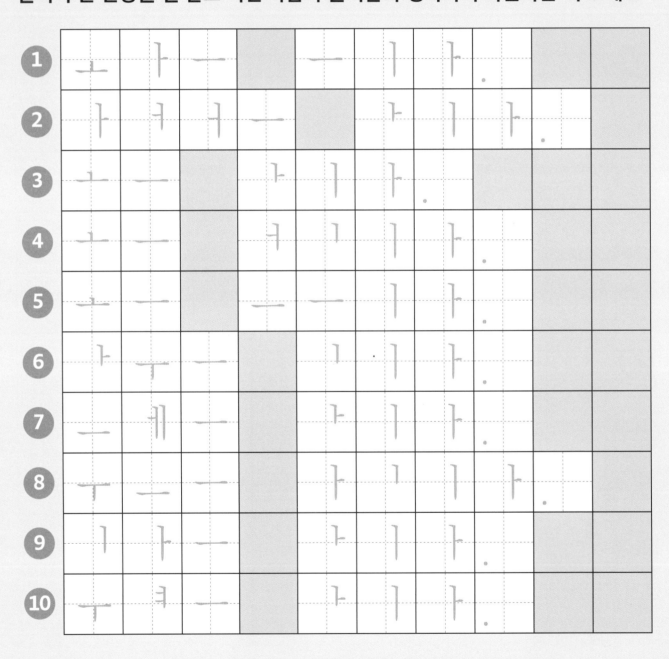

4단계 : 차근차근 글자 쓰기①

불러 주는 문장을 잘 듣고 어떤 글자가 들어갈지 생각하며 차근차근 써 보세요.

1	모		를			니		.	
2	자		기		탑		다		
3	공			찹	다				
4	공			던	니		.		
5	손			흔	니		.		
6	박		를		니		.		
7	그		를		니		.		
8	주		를		십		다		
9	인		를		니		.		
10	수		을		니		.		

5단계 : 차근차근 글자 쓰기②

불러 주는 문장을 잘 듣고 어떤 글자가 들어갈지 생각하며 차근차근 써 보세요.

1		자			씁		다			
2		전		를			니			.	
3		을			니		.			
4		을			집		다			
5		을			듭		다			
6		수			칩		다			
7		네			탑		다			
8		스			마		니		.	
9		사			합		다			
10		영			합		다			

6단계 : 두근두근 빈칸 받아쓰기

불러 주는 문장을 잘 듣고 빈칸에 써 보세요.

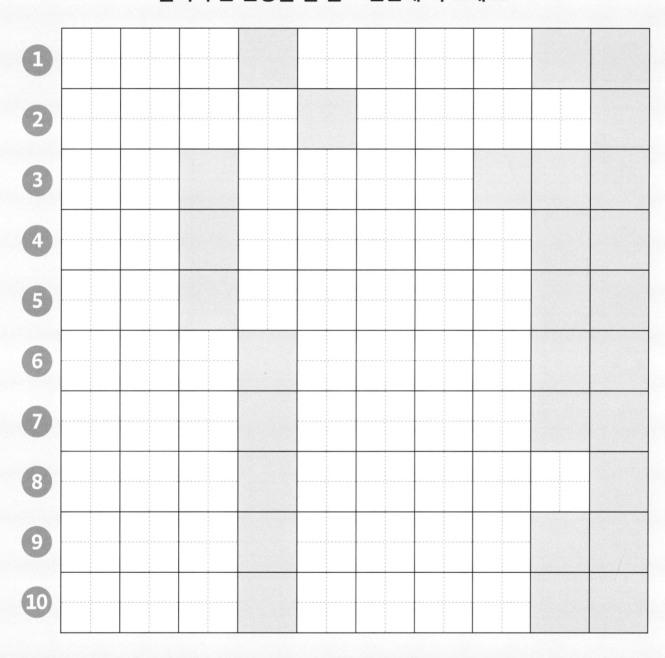

7단계 : 두근두근 실전 받아쓰기

불러 주는 문장을 잘 듣고 띄어쓰기를 생각하며 써 보세요.

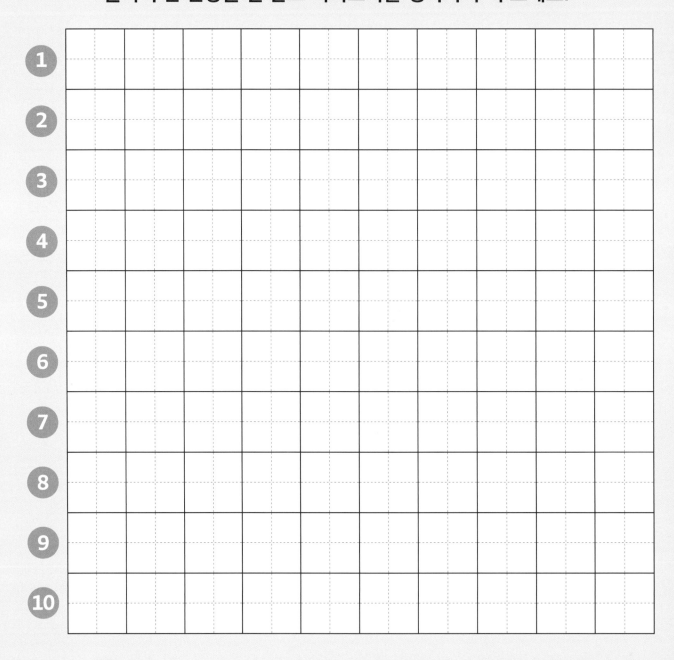

8단계 룰루랄라 놀이

친구들이 여러 가지 행동을 하고 있어요.
친구들의 행동을 보면서 빈칸에 알맞은 표현을 써 보세요.

모자를 ⬚⬚⬚ .

자전거를 ⬚⬚⬚ .

주스를 ⬚⬚⬚⬚⬚ .

수영을 ⬚⬚⬚ .

1단계 또박또박 읽기

띄어쓰기 표시 ○를 생각하며 또박또박 읽어 보세요.

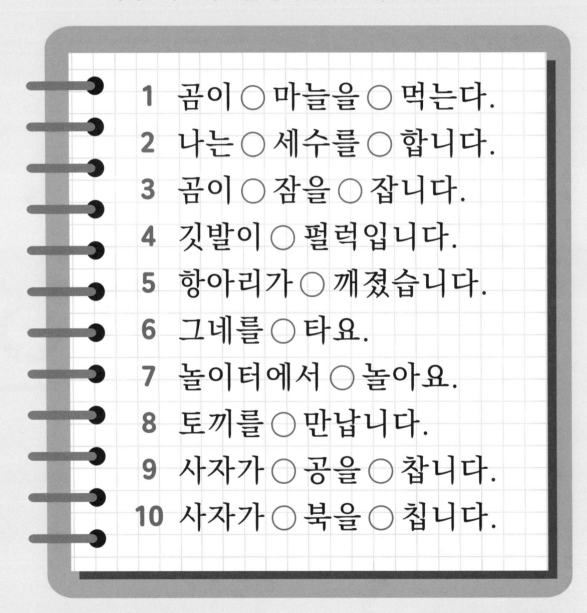

1 곰이 ○ 마늘을 ○ 먹는다.

2 나는 ○ 세수를 ○ 합니다.

3 곰이 ○ 잠을 ○ 잡니다.

4 깃발이 ○ 펄럭입니다.

5 항아리가 ○ 깨졌습니다.

6 그네를 ○ 타요.

7 놀이터에서 ○ 놀아요.

8 토끼를 ○ 만납니다.

9 사자가 ○ 공을 ○ 찹니다.

10 사자가 ○ 북을 ○ 칩니다.

또박또박 읽고 색칠하기 ○○○○○

2단계 : 차근차근 모음 쓰기

불러 주는 문장을 잘 듣고 어떤 모음이 들어갈지 생각하며 차근차근 써 보세요.

3단계 : 차근차근 자음 쓰기

불러 주는 문장을 잘 듣고 어떤 자음이 들어갈지 생각하며 차근차근 써 보세요.

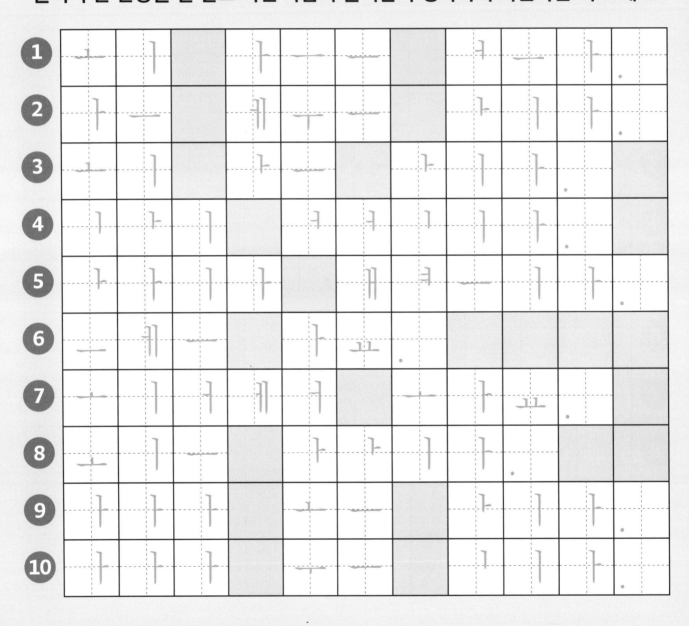

4단계 : 차근차근 글자 쓰기①

불러 주는 문장을 잘 듣고 어떤 글자가 들어갈지 생각하며 차근차근 써 보세요.

1	곰			마		을			는		.
2	나			세		를			니		.
3	곰			잠			잡		다		
4	깃		이			턱		니		.	
5	항		리			깨		습		다	
6	그		를			요					
7	놀		터		서			아		.	
8	토		를			납		다			
9	사		가			을			니		.
10	사		가			을			니		.

5단계 : 차근차근 글자 쓰기②

불러 주는 문장을 잘 듣고 어떤 글자가 들어갈지 생각하며 차근차근 써 보세요.

#									
1	이			늘			떡	다	
2	는			수			합	다	
3	이			을		니		.	
4	발			펼	입	다			
5	아	가			졌	니			.
6	네		타		.				
7	이	에			놀		요		
8	끼		만	니		.			
9	자			공		참	다		
10	자			북		칩	다		

6단계 : 두근두근 빈칸 받아쓰기

불러 주는 문장을 잘 듣고 빈칸에 써 보세요.

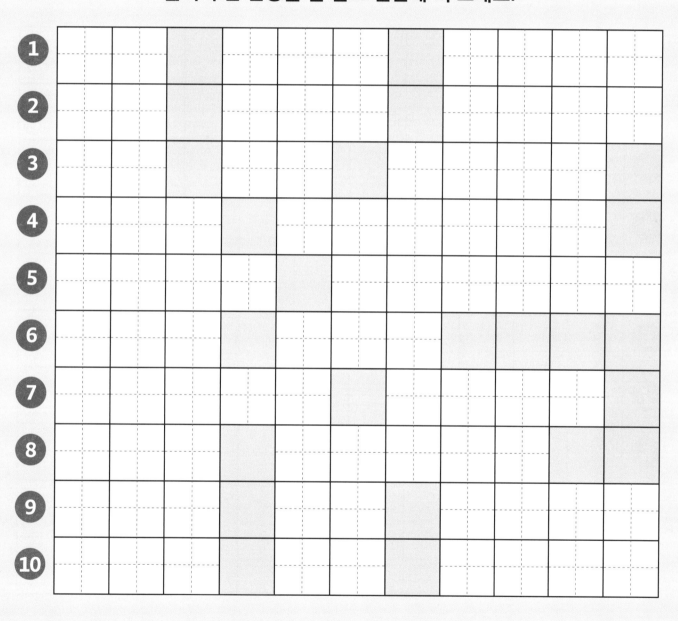

7단계 : 두근두근 실전 받아쓰기

불러 주는 문장을 잘 듣고 띄어쓰기를 생각하며 써 보세요.

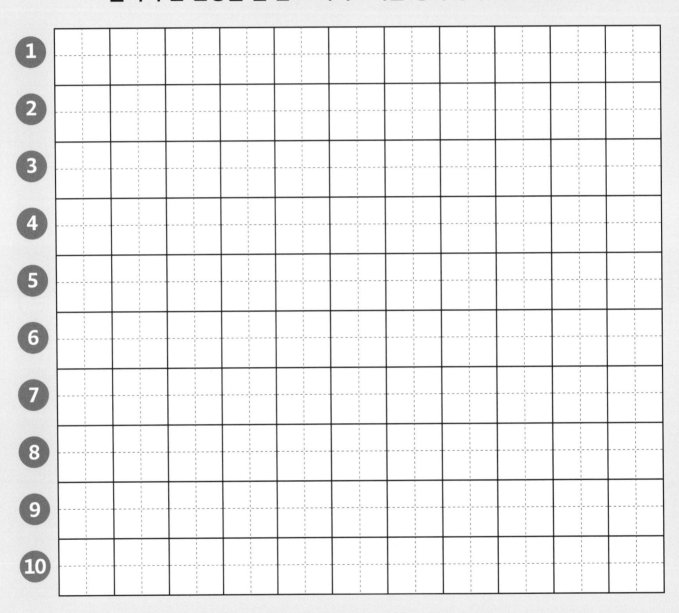

8단계 : 룰루랄라 놀이

토끼와 사자가 신나게 놀고 있어요.
상황을 잘 살펴보면서 빈칸에 알맞은 글자를 써 보세요.

☐☐ 이 펄럭입니다.

☐ 을 칩니다.

☐☐☐ 가 깨졌습니다.

1단계 또박또박 읽기

띄어쓰기 표시 ○를 생각하며 또박또박 읽어 보세요.

1 나무는○ 좋겠다.
2 신기하게 ○ 생겼어요.
3 달팽이 ○ 기르기
4 움직이기 ○ 시작했어요.
5 작은○ 돌멩이
6 만들어 ○ 주셨어요.
7 꽃잎에 ○ 앉았습니다.
8 기분이 ○ 좋습니다.
9 풀밭에서
10 읽어 ○ 봅시다.

또박또박 읽고 색칠하기 ○○○○○

2단계 : 차근차근 모음 쓰기

불러 주는 문장을 잘 듣고 어떤 모음이 들어갈지 생각하며 차근차근 써 보세요.

3단계 : 차근차근 자음 쓰기

불러 주는 문장을 잘 듣고 어떤 자음이 들어갈지 생각하며 차근차근 써 보세요.

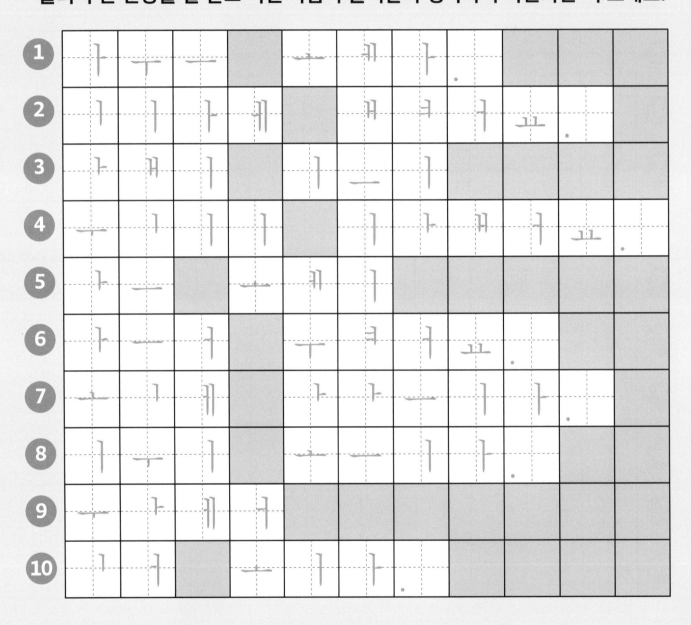

4단계 : 차근차근 글자 쓰기①

불러 주는 문장을 잘 듣고 어떤 글자가 들어갈지 생각하며 차근차근 써 보세요.

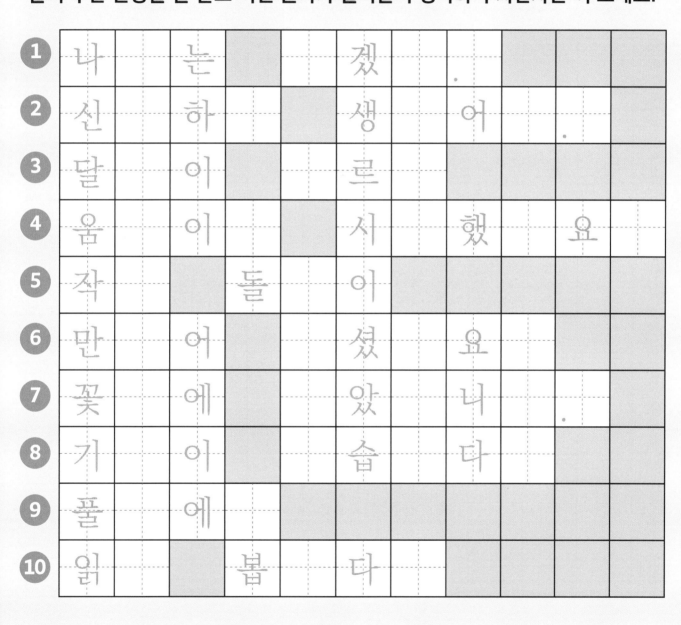

1	나		는			겠		.			
2	신		하		생		어		.		
3	달		이		른						
4	움		이		시		했		요		
5	작			돌		이					
6	만		어		셨		요				
7	꽃		에		았		니			.	
8	기		이		습		다				
9	풀		에								
10	읽		봅		다						

5단계 ∶ 차근차근 글자 쓰기②

불러 주는 문장을 잘 듣고 어떤 글자가 들어갈지 생각하며 차근차근 써 보세요.

1	무			좋		다				
2	기		제			졌		요		
3	팽			기		기				
4	직		기			작		어		.
5	은			멩						
6	뜰			주		어		.		
7	잎			앉		습		다		
8	분			좋		니		.		
9	밭		서							
10	어			시		.				

6단계 : 두근두근 빈칸 받아쓰기

불러 주는 문장을 잘 듣고 빈칸에 써 보세요.

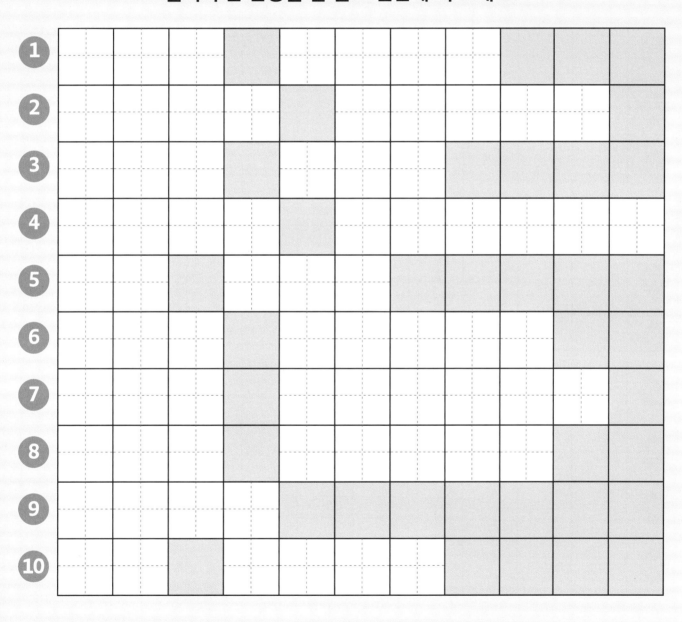

7단계 : 두근두근 실전 받아쓰기

불러 주는 문장을 잘 듣고 띄어쓰기를 생각하며 써 보세요.

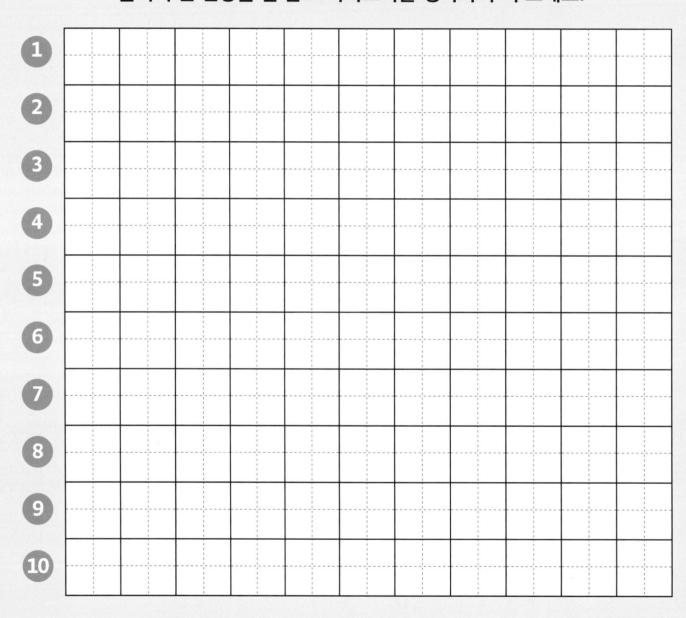

8단계 : 룰루랄라 놀이

친구들이 풀밭에서 자연 관찰을 하고 있어요.
상황을 잘 살펴보면서 빈칸에 알맞은 글자를 써 보세요.

돌멩이 위에 가 있네.

나비가 에 앉았네.

1단계 : 또박또박 읽기

띄어쓰기 표시 ○를 생각하며 또박또박 읽어 보세요.

1 아이가 ○ 아파요.

2 아! ○ 이가 ○ 아파요.

3 어서 ○ 들어가자.

4 나는 ○ 열심히 ○ 했어요.

5 그게 ○ 정말이냐?

6 날마다 ○ 울고 ○ 계세요.

7 침착하게 ○ 대답했어요.

8 다시 ○ 산으로

9 맛있게 ○ 먹었어요.

10 빨리 ○ 드세요.

또박또박 읽고 색칠하기 ○○○○○

2단계 : 차근차근 모음 쓰기

불러 주는 문장을 잘 듣고 어떤 모음이 들어갈지 생각하며 차근차근 써 보세요.

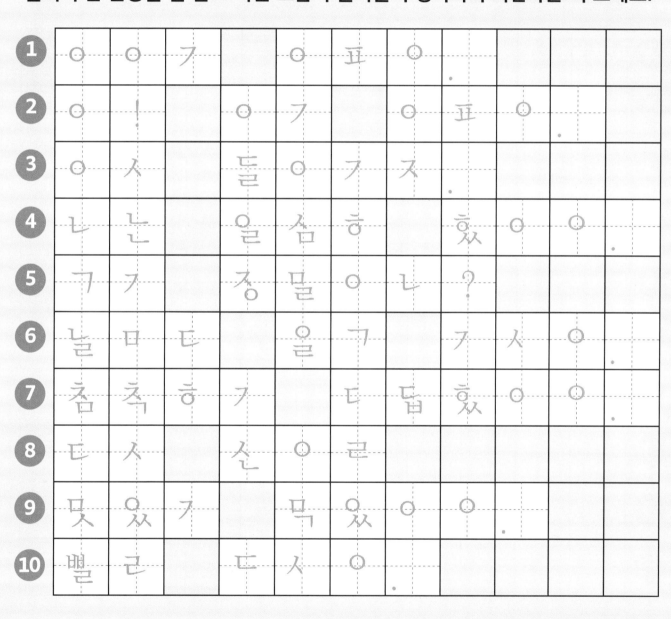

3단계 : 차근차근 자음 쓰기

불러 주는 문장을 잘 듣고 어떤 자음이 들어갈지 생각하며 차근차근 써 보세요.

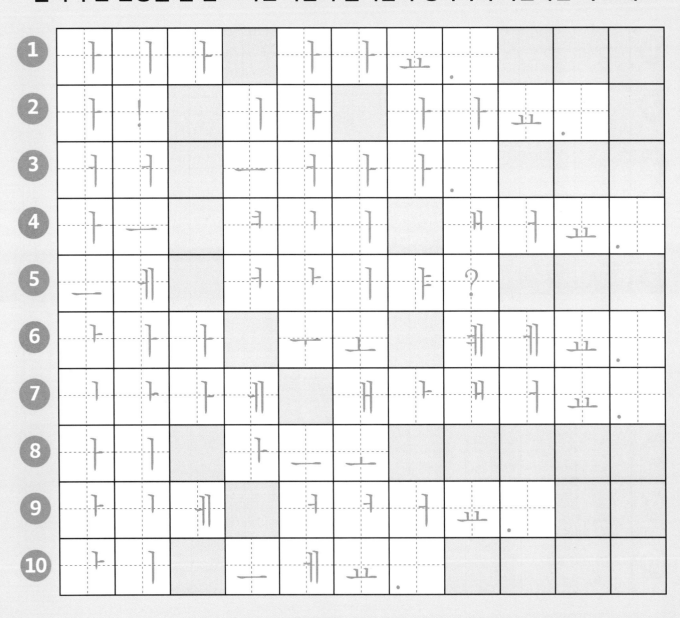

4단계 : 차근차근 글자 쓰기①

불러 주는 문장을 잘 듣고 어떤 글자가 들어갈지 생각하며 차근차근 써 보세요.

1	아		가			파		.			
2	아			이			아		요		
3	어			들		가		.			
4	나			열		히				어	
5	그			정		이		?			
6	날		다			고			세		.
7	첨		하			대		했		요	
8	다			산		로					
9	맛		제			었		요			
10	빨			드		요					

5단계 : 차근차근 글자 쓰기②

불러 주는 문장을 잘 듣고 어떤 글자가 들어갈지 생각하며 차근차근 써 보세요.

6단계 : 두근두근 빈칸 받아쓰기

불러 주는 문장을 잘 듣고 빈칸에 써 보세요.

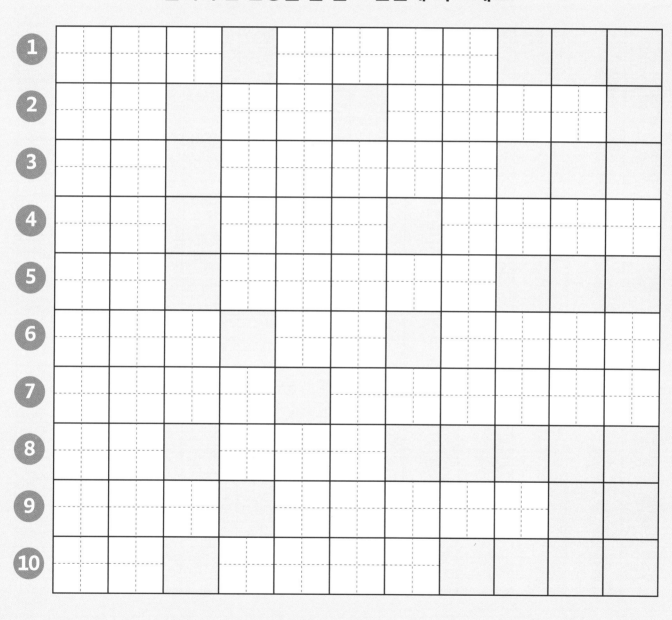

7단계 : 두근두근 실전 받아쓰기

불러 주는 문장을 잘 듣고 띄어쓰기를 생각하며 써 보세요.

1

2

3

4

5

6

7

8

9

10

8단계 : 룰루랄라 놀이

오늘은 학교에서 받아쓰기 시험을 보았어요.
받아쓰기 시험지를 채점한 다음에 점수를 써 보세요.

___월 ___일 ___요일	이름
1학년 ___반 ___번	

1 아이가 아파요.
2 아! 이가 아파요.
3 어서 드러가자.
4 나는 열시미 했어요.
5 그게 정말이냐?
6 날마다 울고 게세요.
7 침착하게 대답했어요.
8 다시 산으로
9 맛있게 먹었어요.
10 빨리 드새요.

확인	부모님	점수	
	선생님		

* 날짜와 요일, 반과 번호,
  이름도 써 보세요.

1단계 : 또박또박 읽기

띄어쓰기 표시 ○를 생각하며 또박또박 읽어 보세요.

1 오늘○놀러○올래?

2 참○예쁘다!

3 연필을○빌려○달래요.

4 정말○그럴까?

5 같이○가자.

6 성큼성큼○따라갑니다.

7 도망을○칩니다.

8 어디○가니?

9 외투를○벗어야지.

10 또박또박○읽어요.

또박또박 읽고 색칠하기 ○○○○○

2단계 : 차근차근 모음 쓰기

불러 주는 문장을 잘 듣고 어떤 모음이 들어갈지 생각하며 차근차근 써 보세요.

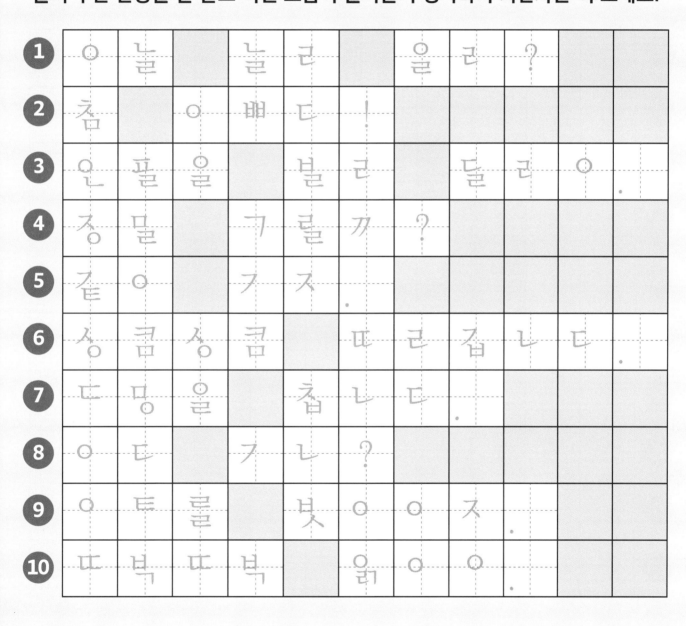

3단계 : 차근차근 자음 쓰기

불러 주는 문장을 잘 듣고 어떤 자음이 들어갈지 생각하며 차근차근 써 보세요.

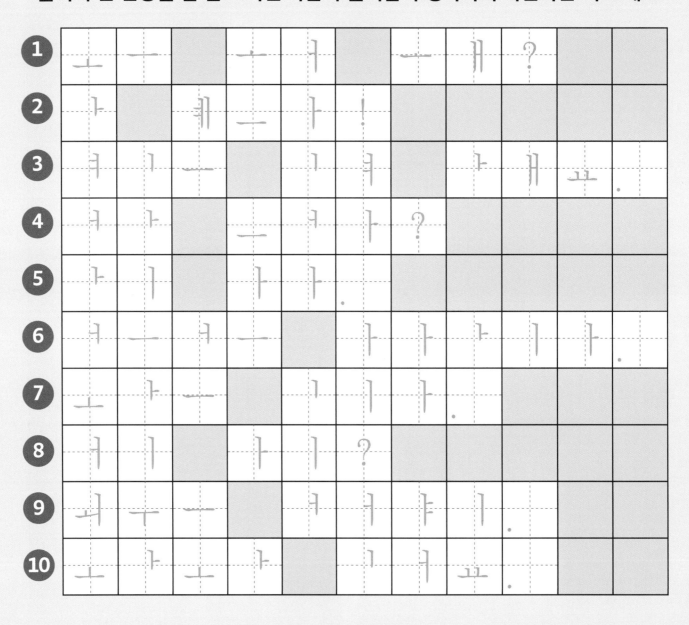

4단계 : 차근차근 글자 쓰기①

불러 주는 문장을 잘 듣고 어떤 글자가 들어갈지 생각하며 차근차근 써 보세요.

#											
1	오			놀				울		?	
2	참			뻐		!					
3	연		을			려			래		.
4	정			그	까						
5	같			가		.					
6	성		성			따		잡		다	
7	도		울			니	.				
8	어		가		?						
9	외		를			어		지			
10	또		또			읽		요			

5단계 : 차근차근 글자 쓰기②

불러 주는 문장을 잘 듣고 어떤 글자가 들어갈지 생각하며 차근차근 써 보세요.

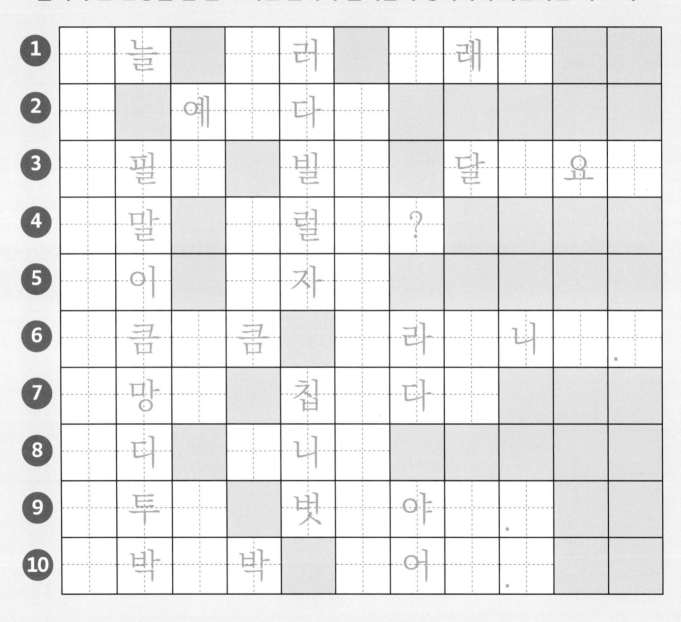

6단계 : 두근두근 빈칸 받아쓰기

불러 주는 문장을 잘 듣고 빈칸에 써 보세요.

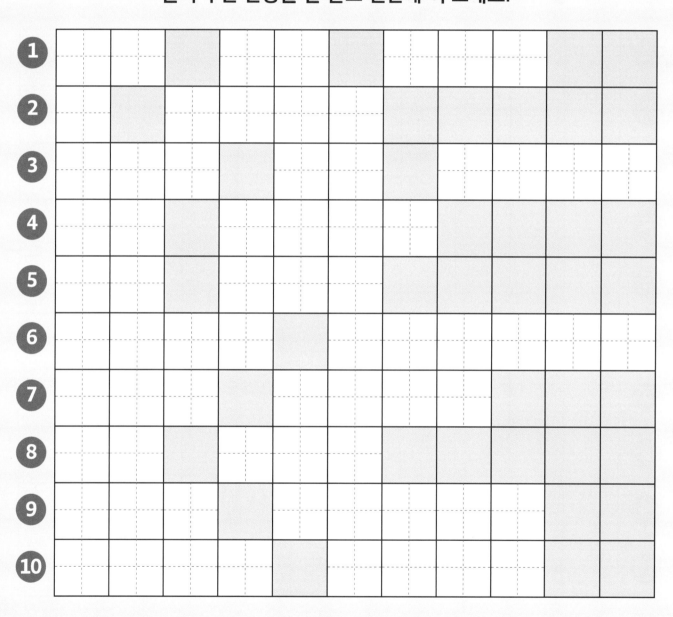

7단계 : 두근두근 실전 받아쓰기

불러 주는 문장을 잘 듣고 띄어쓰기를 생각하며 써 보세요.

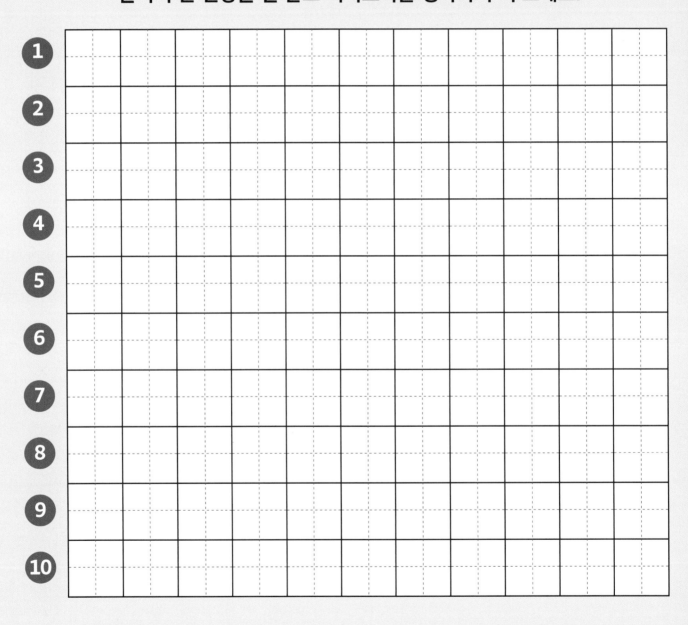

8단계 : 룰루랄라 놀이

오늘은 학교에서 본 받아쓰기 시험에서 70점을 받았어요.
틀린 문제의 잘못 쓴 글자에 ○ 하고 바르게 고쳐 써 보세요.

* 날짜와 요일, 반과 번호,
  이름도 써 보세요.

___월 ___일 ___요일	이름
1학년 ___반 ___번	

1. 오늘 놀러 올래?
✕ 참 얘쁘다! ⟶
3. 연필을 빌려 달래요.
4. 정말 그럴까?
✕ 가치 가자. ⟶
6. 성큼성큼 따라갑니다.
7. 도망을 칩니다.
8. 어디 가니?
✕ 왜투를 벗어야지. ⟶
10. 또박또박 읽어요.

확인	부모님	점수	**70**
	선생님		

1단계 : 또박또박 읽기

띄어쓰기 표시 ○를 생각하며 또박또박 읽어 보세요.

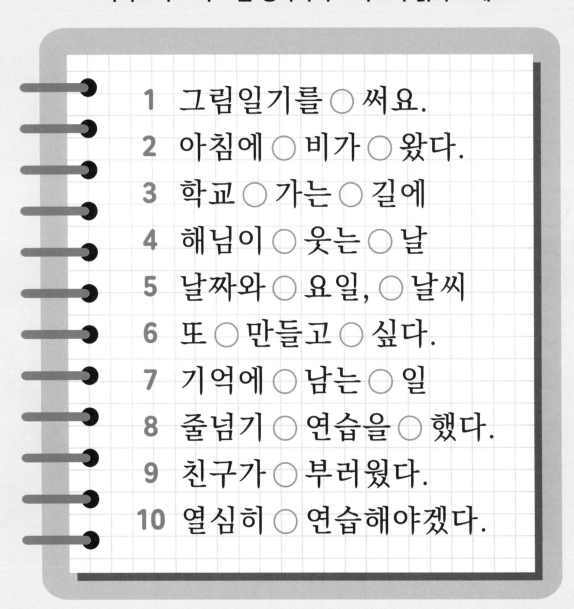

1 그림일기를 ○ 써요.
2 아침에 ○ 비가 ○ 왔다.
3 학교 ○ 가는 ○ 길에
4 해님이 ○ 웃는 ○ 날
5 날짜와 ○ 요일, ○ 날씨
6 또 ○ 만들고 ○ 싶다.
7 기억에 ○ 남는 ○ 일
8 줄넘기 ○ 연습을 ○ 했다.
9 친구가 ○ 부러웠다.
10 열심히 ○ 연습해야겠다.

또박또박 읽고 색칠하기 ○○○○○

2단계 : 차근차근 모음 쓰기

불러 주는 문장을 잘 듣고 어떤 모음이 들어갈지 생각하며 차근차근 써 보세요.

3단계 : 차근차근 자음 쓰기

불러 주는 문장을 잘 듣고 어떤 자음이 들어갈지 생각하며 차근차근 써 보세요.

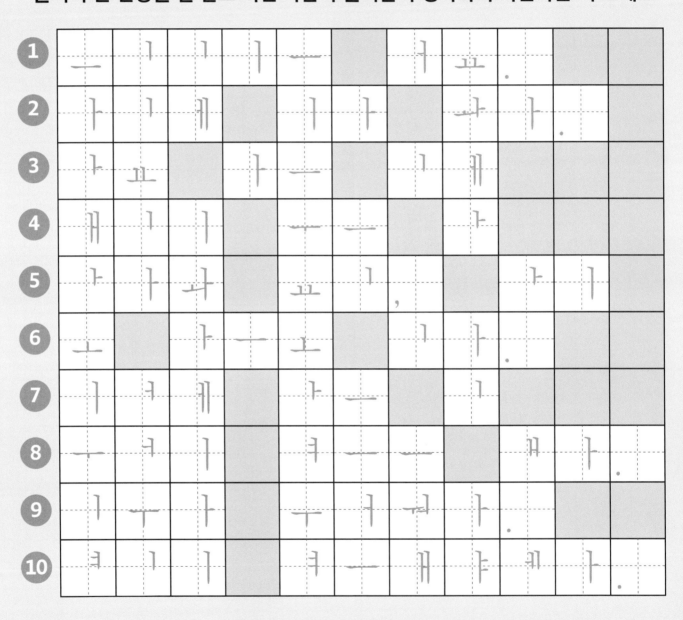

4단계 : 차근차근 글자 쓰기①

불러 주는 문장을 잘 듣고 어떤 글자가 들어갈지 생각하며 차근차근 써 보세요.

①	그		일		를			요		
②	아		에			가			다	
③	학			가			길			
④	해		이			는				
⑤	날		와			일			날	
⑥	또			둘			싶		.	
⑦	기		에			는				
⑧	줄		가			습		했		.
⑨	찬		가			러		다		
⑩	열		하			습	야		다	

5단계 | 차근차근 글자 쓰기②

불러 주는 문장을 잘 듣고 어떤 글자가 들어갈지 생각하며 차근차근 써 보세요.

①		럼		기			써		.			
②		참			비			왔		.		
③		교			는			에				
④		넘			웃			날				
⑤		짜			요		,				써	
⑥			만		고			다				
⑦		역			남			일				
⑧		넘			연		을				다	
⑨		구			부		윘		.			
⑩		심			연		해			겠		.

6단계 : 두근두근 빈칸 받아쓰기

불러 주는 문장을 잘 듣고 빈칸에 써 보세요.

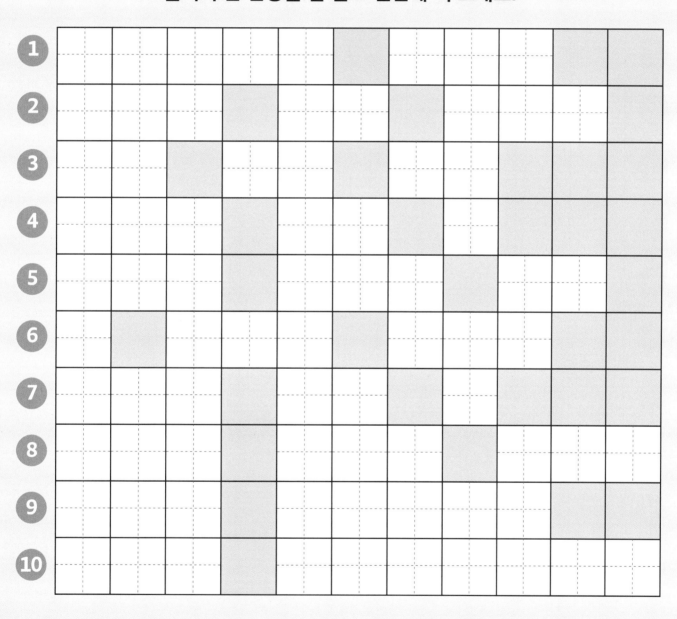

7단계 ┊ 두근두근 실전 받아쓰기

불러 주는 문장을 잘 듣고 띄어쓰기를 생각하며 써 보세요.

1

2

3

4

5

6

7

8

9

10

8단계 : 룰루랄라 놀이

오늘의 숙제는 그림일기를 쓰는 거예요. 그런데 틀린 글자가 있어요.
틀린 글자를 보고 빈칸에 바르게 고쳐 써 보세요.

2020년 5월 4일 월요일

제목: 줄넘기 연습　　　　날씨: 맑음

학	꿈	에	서		줄	넘	꺼		연
습	을		했	다	.	50	개	를	
한		칭	구	가		정	말		부
러	웠	다	.	나	도		열	시	미
연	습	해	야	겠	다	.			

1

2

3

4

룰루랄라 놀이 답안

21쪽

29쪽

37쪽

45쪽

53쪽

61쪽

69쪽

77쪽

85쪽

93쪽
모자를 씁니다.
자전거를 탑니다.
주스를 마십니다.
수영을 합니다.

101쪽
깃발이 펄럭입니다.
북을 칩니다.
항아리가 깨졌습니다.

109쪽
돌멩이 위에 달팽이가 있네.
나비가 꽃잎에 앉았네.

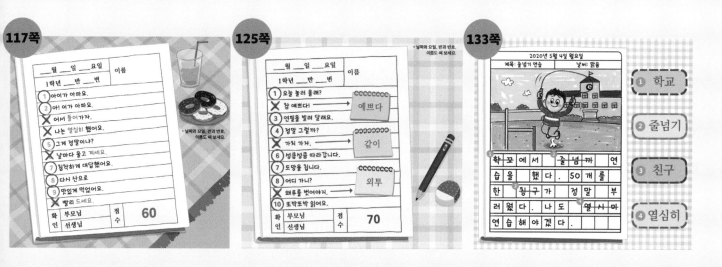

117쪽

___월 ___일 ___요일	이름

1학년 ___반 ___번

1. 아이가 아파요.
2. 아! 이가 아파요.
✗ 어서 들어가자.
✗ 나는 열심히 했어요.
5. 그게 정말이냐?
✗ 날마다 오고 계세요.
7. 침착하게 대답했어요.
8. 다시 산으로
9. 맛있게 먹었어요.
✗ 빨리 드세요.

* 날짜와 요일, 번과 번호, 이름도 써 보세요.

확인	부모님	점수	**60**
	선생님		

125쪽

* 날짜와 요일, 번과 번호, 이름도 써 보세요.

___월 ___일 ___요일	이름

1학년 ___반 ___번

1. 오늘 놀러 올래?
✗ 참 애쁘다! → **예쁘다**
3. 연필을 빌려 달래요.
4. 정말 그럴까?
✗ 가치 가자. → **같이**
6. 성큼성큼 따라갑니다.
7. 도망을 칩니다.
8. 어디 가니?
✗ 왜투를 벗어야지. → **외투**
10. 또박또박 읽어요.

확인	부모님	점수	**70**
	선생님		

133쪽

2020년 5월 4일 월요일
제목: 줄넘기 연습   날씨: 맑음

학	꾜	에	서		줄	넘	까		연
습	을		했	다	.	50	개	를	
한		칭	구	가		정	말		부
러	웠	다	.	나	도		열	시	마
연	습	해	야	겠	다	.			

1. 학교
2. 줄넘기
3. 친구
4. 열심히

한 권으로 끝내는 받아쓰기

초판 1쇄 발행 2021년 1월 4일
초판 8쇄 발행 2023년 5월 15일

지은이 김수현
그린이 전진희
펴낸이 민혜영
펴낸곳 (주)카시오페아 출판사
주소 서울시 마포구 월드컵북로 402, 906호(상암동 KGIT센터)
전화 02-303-5580 | **팩스** 02-2179-8768
홈페이지 www.cassiopeiabook.com | **전자우편** editor@cassiopeiabook.com
출판등록 2012년 12월 27일 제2014-000277호
편집1 최희윤 | **편집2** 최형욱, 양다은 | **디자인** 윤나라
마케팅 신혜진, 조효진, 이애주, 이서우 | **경영관리** 장은옥

ⓒ김수현, 2021
ISBN 979-11-90776-37-0 63710